第二册

The Guidance for Adolescent Development

青少年发展指导

聂衍刚◎主　编

窦　凯　黎耀威◎副主编

北京师范大学出版集团
BEIJING NORMAL UNIVERSITY PUBLISHING GROUP
北京师范大学出版社

图书在版编目(CIP)数据

青少年发展指导.第二册 / 聂衍刚主编.—北京:北京师范大学出版社,2024.4

ISBN 978-7-303-27143-6

Ⅰ.①青… Ⅱ.①聂… Ⅲ.①青少年教育 Ⅳ.①G775

中国版本图书馆 CIP 数据核字(2021)第 156072 号

图书意见反馈　　*gaozhifk@bnupg.com*　　010-58805079

QINGSHAONIAN FAZHAN ZHIDAO DI-ERCE

出版发行:北京师范大学出版社　www.bnup.com
　　　　　北京市西城区新街口外大街 12-3 号
　　　　　邮政编码:100088

印　　刷:北京虎彩文化传播有限公司
经　　销:全国新华书店
开　　本:890 mm×1240 mm　1/32
印　　张:5
字　　数:141 千字
版　　次:2024 年 4 月第 1 版
印　　次:2024 年 4 月第 1 次印刷
定　　价:36.00 元

策划编辑:周雪梅　　　　　　责任编辑:宋　星
美术编辑:焦　丽　李向昕　　装帧设计:焦　丽　李向昕
责任校对:陈　荟　冯　倩　　责任印制:马　洁

编委会

前　言

高中阶段的学生正处于从少年向成年过渡的时期。在经历了初中阶段心理与生理的"暴风骤雨"般的剧变之后，高中生的生理和心理逐渐走向成熟，开始形成稳定的世界观、人生观和价值观，自我意识显著增强，并开始为人生的未来道路进行选择和规划。此时对他们进行系统的发展指导，意义重大！对于绝大多数高中生来说，尽早结合自己的兴趣、能力和规划来选择考试科目，逐渐对自己、对社会、对大学专业形成准确的认识，从心理、学业、生活等多个方面做好充分准备，将有利于为自己的生涯规划和健康发展打下坚实的基础。因此，无论从稳妥推进新高考改革、学校特色化办学，还是从激发学生动力和促进学生全面而有个性的发展出发，学生发展指导对于每个学生人生价值的实现都具有重要意义。

那么，如何在高中阶段为学生提供科学有效的发展指导呢？1999 年，《中共中央 国务院关于深化教育改革全面推进素质教育的决定》颁布，我国教育模式逐渐向重视学生主体地位、促进学生发展的方向转变。2010 年，《国家中长期教育改革和发展规划纲要（2010—2020 年）》颁布实施，明确指出"高中阶段教育是学生个性形成、自主发展的关键时期，对提高国民素质和培养创新人才具有特殊意义"，并强调在普通高中"建立学生发展指导制度，加强对学生的理想、心理、学业等多方面指导"，这无疑是普通高中在提升学生综合素质方面的重要举措，也推动了我国学生发展指导研究与实践的不断前进。2019 年 6 月 19 日，《国务院办公厅关于新时代推进普通高中育人方式改革的指导意见》（以下简称《意见》）正式发布，其中第五部分"加强学生发展指导"，强调要"注重指导实效"和"健全指导机制"。这是我国政府首次将"学生发展指导"提升到"推进育人方式改革"的高度，充分说明了政府对"学生发展指导"的高度重视和殷切期盼。那么，高中学校究竟如何在新时代背景下贯彻党的二十大精神，落实立德树人根本任务？学校如何在党组织和校长的领导下，切实贯彻上述国家政策对普通高中学校发展指导的意见，建设具有校本特色的发展指导顶层设计与课程体系？这将是普通高中学校面临的重要且亟待解决的现实问题。

在这一背景下，广州大学教育学院聂衍刚教授带领青少年心理与行为研究中心团队，与北京师范大学发展心理研究院高中生发展指导研究中心主任、长江学者方晓义教授带领的研究团队合作开展了学生发展指导的探索和实践。遵照《意见》的精神，依据方晓义教授的"高中生全方位三级发展指导模式"理论，充分考虑高中不同阶段学生的发展特点和需求，致力于促进学生核心素养的提升，本团队编写了本套教材，这也是聂衍刚教授所承担的教育部人文社会科学重点研究基地重大项目"小学生和初中生发展指导及其效果的研究"（16JJD880006）和广州市番禺区教育局委托项目"高中学生发展指导的实验研究"的重要研究成果之一。

本套教材是学生用书（第一册至第三册），适用于高一至高三年级，内容涵盖了学业发展指导、生涯发展指导、心理发展指导、品德发展指导、生活发展指导，且根据不同年级学生发展的实际需求和年级特点进行分类编排，旨在为高中生的全面发展提供指导。本套教材包括 38 课的内容，其中第一册共 17课，第二册共 11 课，第三册共 10 课。教师可以根据实际情况灵活选择每册的课程，也可依据人才培养目标和学校实际情况来选择课程。

每一课的内容都聚焦某一主题，按照问题导入、知识导航、主题活动、拓展延伸和课后任务 5 个环节为主线索进行设计，满足高中生全方位三级发展指导模式所确立的人才培养目标。

【问题导入】以案例、导言或想一想等方式作为每一课的内容导入，便于学生围绕某一主题进行探究。

【知识导航】围绕知识层面的目标，对核心知识点、相关概念等进行知识层面的解析，让学生充分理解高中生发展的特点与规律。

【主题活动】以活动体验为主线，每一课都精心设计了主题活动，包括游戏活动、知识分享、小组研讨和团体辅导活动等，便于学生在轻松愉悦的课堂氛围中掌握知识和技能。

【拓展延伸】为学生提供与每一课主题相关且有一定深度的心理学知识、研究前沿或哲学故事等，以满足学生的个性化需求。

【课后任务】设计简单、便于操作的课后任务，一方面达到巩固知识的目的，另一方面有利于学生在课余时间充分认识自我、体验自我、发展自我。

本书主编和课程编写者均为国内具有学生发展指导经验的高校或高中教师，包括发展与教育心理学研究领域的专家、中学校长、学生发展指导教师和心理健康教师等。本书共包括 11

课，第一课至第三课为学业发展指导，第四课和第五课为生涯发展指导，第六课至第八课为心理发展指导，第九课和第十课为品德发展指导，第十一课为生活发展指导。

衷心地希望本书能为普通高中学校开设学生发展指导类课程提供参考，也希望学生喜欢上学生发展指导课程，在高中阶段尽早地理性认识自我，树立远大理想和目标，并保持积极向上、自尊、自信的心态，祝愿每个学生都拥有快乐、美好、成功的人生。

衷心感谢所有编委和参编老师的无私奉献与大胆创新，感谢广州市番禺区教育局及六所实验学校的支持和参与，感谢北京师范大学出版社的大力支持，尤其是周雪梅老师等编辑为本套教材的出版付出的辛勤劳动，他们对本套教材给予了细致审校。

由于编者的水平有限，本书难免存在不足之处，敬请各位同行和老师批评指正。

编委会

2023 年 12 月

目 录 | contents

第一课

自主学习，合作学习

 问题导入

囊萤映雪

晋代时，车胤因为家境贫困，父亲没有多余的钱买灯油供他晚上读书，他只能利用白天的时间诵读诗文。在夏天的一个晚上，他忽然在院子里看到许多萤火虫在空中飞舞。萤火虫的光点在黑暗中一闪一闪地十分耀眼。于是他想，如果把许多萤火虫集中在一起，不就能做成一盏"灯"了吗？他找了一个白绢口袋，把抓到的萤火虫放在里面，扎紧袋口，做成了一盏"灯"。"灯"虽然不明亮，但是可以勉强用来看书。由于他勤学好问，后来终有成就。

同一时代的孙康也是如此。一天半夜，从梦中醒来的孙康看见窗户缝里透进一丝光亮。走到屋外后发现原来是地面上的雪反射出的光。于是他倦意全无，取出书，在屋外伴着雪光读了起来。这种苦学的精神促使他的学识突飞猛进，成为饱学之士。

囊萤映雪是鼓励学生克服困难、自觉自律、苦学不倦的典故。在古代，挑灯夜读对贫寒的家庭来说是一件奢侈的事情，

因此他们才会借用萤火虫的光和大雪反射的光来读书。

现代物质生活得到了很大的提高，我们不必采用萤火虫的光和大雪反射的光来读书。同学们平时是否做到了和车胤、孙康一样自觉自律呢？可以和大家分享一下。

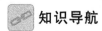 **知识导航**

核心知识点一： 自主学习

一、概念

自主学习是与传统的接受学习相对应的一种现代化学习方式，指学生通过多种途径，进行有目的的、有选择的学习活动，从而实现自主性发展。它是在学习目标、过程及效果等诸方面进行自我设计、自我管理、自我调节、自我检测、自我评价和自我转化的主动建构过程。

"自主学习"中的"主"有"主人"的意思，意味着学生要做学习的主人，变"要我学习"为"我要学习"；"自主学习"中的"主"也有"主动"的意思，意味着学生要发挥主观能动性，积极主动地投入学习。

二、特点

自主学习强调培养学生强烈的学习动机和浓厚的学习兴趣，从而使学生进行能动的学习，即主动地、自愿地学习，而不是被动地、不情愿地学习。因此，"自主学习"这一概念体现着学习主体所具有的能动性。学习是自主的学习，自主性是学习的本质属性。学习的自主性具体表现为自立性、自为性、自律性三个特性，这三个特性构成了自主学习的三大支柱。

（一）自立性

每个学习主体都是具有相对自立性的人，学习是学习主体自己的事、自己的行为，是任何人都不能替代、不可替代的；每个学习主体都具有独立的心理认知结构，学习是其对外界信息独立分析、思考的结果；每个学习主体都具有求得自我独立的愿望，是其获得自立性的内在根据和动力；每个学习主体都具有一定的学习潜能和一定的自立能力，能够依靠自己解决学习过程中的问题，从而获取知识。自立性的以上四层含义是相互联系、有机统一的。具有自立性的学习主体，是自主学习的独立承担者；独有的心理认知结构，是自主学习的思维基础；渴求独立的愿望，是自主学习的动力基础；学习主体的学习潜能和能力，是自主学习的能力基础。可见，自立性是自主学习的基础和前提，是学习主体内在的本质特性，是每个学习主体都普遍具有的。它不仅体现在学习活动的各个方面，而且贯穿学习过程的始终。因此，自立性又是自主学习的灵魂。

（二）自为性

学习主体将学习纳入自己的生活结构中，成为其生命活动中不可缺少的有机组成部分。自为性是自主性的体现和展开，包含学习的自我探索性、自我选择性、自我建构性和自我创造性四个层面的结构关系。因此，自为性本质上就是学习主体自我探索、自我选择、自我建构、自我创造的过程。

自我探索性往往基于好奇心。好奇心是人的天性，既能产生学习需求，又能产生学习动力。自我探索就是由好奇心引发的学习主体对事物、环境、事件等的求知的过程。它不仅表现在学习主体对事物、环境、事件的直接认识上，而且表现在对文本知识的学习上。文本知识是他人对客观事物的认识，并非学习主体的直接认识。对文本知识的学习，实际上也是探索性的学习。通过自我探索而求知、认知，这是学习主体获取知识的方式之一。

自我选择性是指学习主体在探索中对信息的由己注意性。① 只有经过学习主体注意的信息才能被选择；只有经过学习主体的选择才能被纳入认知结构，故有"视而不见、听而不闻"的现象。因此，学习是从学习主体对信息的注意开始的。一种信息能引起学习主体的注意，主要是由于它与学习主体的内在需求一致。由内在需求引起的学习主体对信息的注意，由头脑中长时记忆的选择、提取、运用而引发的学习主体的选择性学习，是自为学习的重要表现。

自我建构性是指学习主体在学习过程中知识的建构，即新知识的形成和建立。在这个过程中，由选择性注意所提供的新信息、新知识，是学习的对象。对这一对象的学习以学习主体的原有经验和认知结构为前提，而从头脑中选择、提取的信息是学习新信息、新知识的基础。信息经由学习主体的思维加工而发生了新旧知识的整合和同化，使原有的知识得到充实、升华、联合，从而使学习主体建立新的知识系统。因此，建构知识是对新信息、新知识的建构，同时又包含了对原有经验和知识的改造和重组，既是对原有知识的保留，又是对原有知识的超越。

自我创造性是学习自为性更重要、更高层次的表现。它是指学习主体在建构知识的基础上，创造出能够指导实践并满足

---

① 陈友华、王玲、杨丽华：《合作式学习中自主能力的培养》，载《云南农业大学学报(社会科学版)》，2010，4(5)。

自身需求的实践理念模式。这种实践理念模式是学习主体根据事物发展的客观规律、对事物真理的超前认识及自身强烈而明确的内在需求进行创造性思维的结果。建构知识是对真理的认识，是对原有知识的超越。实践理念模式以现有的真理性知识为基础，并超越了它（是对事物真理的超前认识）。这种超前认识是由明确的目标引导的创造性思维活动。在这种活动中，学习主体头脑中的记忆信息被充分调动，信息被充分激活，知识系统被充分组织，并使学习主体的目标价值得到充分体现。

可见，无论是探索性学习、选择性学习，还是建构性学习、创造性学习，都是自为学习重要特性的表现，也是学习主体获取知识的途径。从探索到选择到建构，再到创造的过程，基本上映射出了学习主体学习、掌握知识的一般过程，也大致反映出其成长的一般过程。从这个意义上说，自为学习本质上就是学习主体自我生成、自我发展、自我实现的过程。

（三）自律性

自律性是指学习主体对学习的自我约束性和规范性。它在认识领域中表现为自觉地学习。自律性是学习主体的觉醒或醒悟性，是对自己的学习要求、目标、行为、意义的一种充分觉知。它规范、约束学习主体的学习行为，促使学习主体持之以恒、不断进取。它在行为中表现为主动性和积极性。主动性和积极性是自律性的外在表现。因此，自律学习也是一种积极主动的学习。主动性和积极性源于自觉性。只有自觉认识到自己学习的目标和意义，才能使自己的学习处于积极主动的状态；只有积极主动地学习，才能充分激发自己的学习潜能和聪明才智，从而确保学习目标的实现。自律学习体现出学习主体的责任感，能确保学习主体积极主动地探索、选择信息，积极主动地建构、创造知识。

综上所述，自主学习就是学习主体自立、自为、自律的学习。学习的自立性、自为性和自律性是学习自主性的三个方面，是自主学习的三个基本特性。其中，自立性是自主学习的基础，自为性是自主学习的实质，自律性则是自主学习的保证。这三个特性都表达了同一个思想：学习主体是学习的主人，学习归根结底是由学习主体自己主导和完成的。承认并肯定这一思想，对于矫正不合理的教育教学手段、模式，从而探索和创立崭新的教育教学手段、模式，无疑具有重要的现实功能和意义。

三、学习策略

自主学习具有独立性，有时候是在没有他人指导或帮助的条件下进行的。面对既定的学习任务，如果学生缺少相应的问题解决策略，即使具有较强的学习动机，学习也不可能顺利进行。因此，拥有充足的学习策略并且能够熟练地运用这些策略也是自主学习的必备条件。

(一)要善于分析和选择

在学习方法上，自主学习者要有足够的方法策略储备，知道要实现某一学习目标，应该有一个比较完善的计划，即明确在学习前、学习中、学习后要做什么，有哪些方法或策略可以帮助自主学习者实现目标，知道这种方法对实现学习目标的作用及它的适用条件。

在学习时间的安排上，自主学习者在完成任务时要有时间规划，知道自己的时间是如何分配的；学习中也要有效率意识，每天都要有固定的学习时间，并能够对使自己分心的事务说"不"，从而集中精力学习；善于开发和利用潜在的学习时间，能够根据学习任务合理安排学习时间。

在学习环境的选择上，自主学习者要善于利用课内外资源，懂得向同学、老师寻求帮助，善于利用教室、图书馆、资料室、书店等场所提高自己的学习效率，懂得榜样的激励作用。

(二)要懂得思考的意义

思考是自主学习策略中最重要的一环。现代物理学奠基人卢瑟福就留下了不少精心培育学生的佳话。一天夜里，卢瑟福看见实验室还亮着灯，就推门进去，看见一个学生正忙着手里的事。卢瑟福问他："这么晚了，你还在干什么?"那个学生说："我在忙工作。"卢瑟福问他上午、中午、晚上都在做什么，那个学生说："都在忙工作。"卢瑟福于是问道："那你用什么时间来思考呢?"

思考能力是自主学习者必备的能力之一。思考是贯穿各个自主学习过程中的，自主学习者通过思考来监控自己的学习行为、策略运用、时间选择等。通过思考，自主学习者可以调整学习情绪、改善学习方法、激发进一步的学习动力。只有勤于思考才能提高，只有勤于思考才能进步。

核心知识点二： 合作学习

一、概念

合作学习是指学生为了完成共同的任务，有明确的责任分工的互助性学习。合作学习鼓励学生为了集体的利益和个人的利益一起学习，在完成共同任务的过程中实现自己的理想。合作学习是一种结构化的、系统的学习策略，由 2～6 个能力各异的学生组成一个小组，以合作的方式从事学习活动，共同完成小组的学习目标，通过提高每个人的学习水平来提高整体成绩，获取小组奖励。

二、主要形式

(一)问题式合作学习

问题式合作学习是指教师和学生相互提问、解答，既能答疑解难又能激发学生的学习兴趣。这种合作学习又可分为生问生答、生问师答、师问生答、抢答式知识竞赛等形式。在实施教学时，应根据学生的学习心理特征设置问题。

(二)表演式合作学习

表演式合作学习是指通过表演的形式，激发学生的学习兴趣，培养学生自主探究的学习品质，或作为课堂的小结形式，检验学生对所学知识的理解。

(三)讨论式合作学习

讨论式合作学习是指让学生对某一内容进行讨论，在讨论的过程中实施自我教育，以达到完成教学任务的目的。

(四)论文式合作学习

论文式合作学习是指教师带领学生开展社会调查实践，并指导学生以论文的形式汇报社会调查实践的结果。此类活动一般每学期举行2~3次，重点放在寒暑假。

(五)学科式合作学习

学科式合作学习是指将几门学科联合起来开展合作学习。例如，在语文课上学了与春天有关的文章后，可让各学习小组去画春天、唱春天、颂春天，找与春天相关的各种数据，观察与春天相关的各种事物等，还可以结合其他学科的相关知识深入展开，最后写成活动总结。

三、学习策略

为了使合作学习能够切实有效地开展，在进行合作学习时要尽可能多地渗透以下要素。

（一）明确学习目标

在实施合作学习之前，必须明确学习目标，即通过合作学习要掌握哪一方面的知识和技能。

（二）认可既定的学习目标

全体学生要接受和认可既定的学习目标，小组成员要把他们所在小组的学习目标当作必须完成的任务来对待。

（三）选择恰当的内容

在教学中，有的内容适合交流，有的内容适合独立思考，有的内容适合动手操作，有的内容适合教师演示等。因此，教师要根据教材内容的性质和学生的实际情况选择恰当的内容。要选择有一定思考价值的问题，靠近学生思维的最近发展区，让学生"跳一跳"能够摘到"果子"。一般来说，对于那些空间较大的问题，如条件、问题、思路、答案具有探索性和开放性的问题，可采用合作学习的方式。

（四）提前进行指导

教师在实施前给学生以明确的指导，包括学生要做什么、以何种顺序、用什么资料以及证明学生已掌握某些知识和技能的考核办法是什么等。

（五）控制小组差异

小组成员的组成要多元化，即小组成员之间要有一定的差异性，包括学习能力、文化背景、知识背景和性别等，使学生能够接触到尽可能多的不同的观点，拓宽知识面。

（六）相互帮助

教师分配给每个小组的学习任务应是只有通过合作才能完成的，让学生感到他们是一个集体，谁也离不开谁，使学生在合作学习过程中能够相互依赖、相互帮助。

(七)当面直接讨论

教师要求学生进行面对面的直接交流和讨论。

(八)保证学习时间

教师要为每个学生和小组提供应有的、充足的时间以便完成学习目标，否则学习效果就会受到影响。

(九)加工内部知识

每个学生都必须完成一系列与学习目标相关的内部知识加工任务，如建立知识点之间的联系、赋予含义、评价所学知识的相关性以及对所学知识的应用。

(十)完成个人职责

合作学习的目的是提高学习效率。每个学生都要对自己承担的任务负责，因此，教师事先对每个学生的能力要有正确的估计，给学生分配相应的力所能及的学习研究任务。

(十一)总结学习成果

在合作学习结束之后，小组成员要对所学知识进行思考和讨论，教师要对小组成员的学习过程进行反馈、评价和表扬。

四、合作学习的挑战

(一)分组

合作学习主张异质分组。异质分组能创造多样化的学习环境，因为学习者的背景、思想、性别、民族、性格各不相同。尽管这种观点表面上看起来合情合理，但有些研究表明，把某些女生从其他女生中独立出来，这对于个体的学业不利。因为她们在小组内可能会感到孤独，或者因为扮演模式化的角色而活跃不起来。并且在异质小组内交往的双方往往彼此缺乏共同语言，难以相互敞开心扉、开启各自的信息库、营造和谐共存的氛围。

(二)学习进度

学生学习同一材料的速度是不同的。在小组合作学习中，一些能力较弱的学生要么跟不上小组的速度，要么就是勉强能跟上小组的速度。如果小组因害怕能力较弱的成员掉队，而放慢速度甚至暂停小组学习，辅导能力较弱的成员，这对于大部分学生来说是不公平的。

(三)小权威

异质小组内不可避免地会出现能力较强的学生控制小组的局面，这会阻碍全组成员平等地参与小组活动，尤其对内向、文静和能力较弱的学生不利。"小权威"往往独断专行，包办任务，以自己的见解代替全组的想法。那些内向的学生不敢或不愿表达思想、做出自己的解答，讨论的参与度较低，最后沦为"小权威"的听众。不仅如此，"小权威"的出现还会为懒惰的学生搭建"避风港"。懒惰的学生在小组内不出力，却能享受小组的共同成果。

(四)组内冲突

由于小组成员的个性、背景等各不相同，小组内易出现争吵、不愿合作的情况，影响正常的教学秩序。

(五)奖励

在合作学习中，教师要采取一些模式来鼓励学生。例如，第一种模式是在小组内的每个人都完成了一个工作单元或一次测验后，将其总分进行汇总，按小组的成绩决定是否给予其奖励；第二种模式是按小组的平均分，把平均分作为小组的成绩，作为是否给予其奖励的依据；第三种模式是一个小组完成一项集体任务得一分，将在一段时间内得到的分数作为小组的得分。

(六)小组人数

对于合作小组的规模究竟以多大为宜，研究者没能达成一致。

有的主张小组人数应该尽可能少，以便保证小组内的每个人都有足够的时间参与活动。有的认为小组人数多，有利于形成丰富多样的学习环境。但这会造成在实践中教师随意安排小组人数，导致合作学习的效果不好。

核心知识点三： 自主学习与合作学习的联系

任何一种学习方式都既有其优势，也有其不足。

自主学习强调学生个体的自觉性和主观能动性；合作学习侧重博采众长，通力合作。若将两者有机结合，则会起到事半功倍的效果。学习过程强调培养学生的合作意识，而这种合作意识是需要建立在自主学习的基础之上的。没有自主学习作为依托，合作学习很难开展。每个学生都具有其独特的不容忽视的个性，而当这些个体的思维汇聚并有机融合时，其产生的力量和效果往往是超乎想象的。例如，老师让写一篇题为"我的家乡"的作文，有的学生从历史的角度写家乡的发展，有的学生从地理的角度写家乡的地形和气候；有的学生从旅游的角度写家乡的风土人情等。受老师点拨后，有的学生设计了一次十年后的同学会，即各行各业话家乡的活动，将本次作文设计成带有表演性质的专题会演。在这一活动中，也有学业表现较差的同学，但他们可以提供一些奇思妙想，也可以从更新的角度去扩展。教师要保证每个人都动起来，都参与其中，在完成任务的同时认识到每个人的创意和思维的无限张力，督促自己做到更好，这就是个体加集体的力量。

当然，如果没有前期大量的自主学习作为铺垫，要在合作中达成共识是不现实的。新修订的课程标准，有利于学生开展自主学习和合作学习。教师若能对此善于利用，把空间交给学生，加以适当点拨和指导，应该会收到事半功倍的效果。学生就是闪亮的"星"，只有把他们放在适当的位置上，才可能汇成美丽的"银河"。

 主题活动

主题活动一：　合作学习真愉快

一、活动开展

（一）齐眉棍

1. 活动过程

请参加游戏的同学面对面站成两列，双手平举至同一高度，伸出食指，将齐眉棍放在每个人的食指上，在保证每个人的食指都接触到齐眉棍的前提下，使齐眉棍保持水平状态垂直向下移动，直到平放到地面上，一旦有人的食指离开齐眉棍或齐眉棍没有保持水平状态，就算失败。

2. 集体交流

在刚才的游戏中，你们是怎样获得成功的？（或者为什么没有获得成功？）如果交流的是成功的经验，就直接进入下一环节；如果交流的是失败的原因，则让学生再进行一次操作，让他们体验到成功的快乐，让他们在团队中获得经验和成长，突破难点。

（二）穿越"地雷阵"

1. 情景体验

在空地上用障碍物布置成"地雷阵"。两位同学一组，一位被蒙住眼睛，另一位不能说话，两位同学合作穿越"地雷阵"。

游戏开始前两位同学可以商量如何分工，在游戏过程中要遵守游戏规则，只要碰到障碍物就算失败。

2. 活动感悟

你在穿越"地雷阵"时有哪些感受和体会？可以说说自己的感悟，总结出一些合作的方法与技巧。

二、课堂小结

①这节课你有什么收获？请联系生活实际，举例说说在以后的生活和学习中，你准备如何与父母、同学、老师愉快地合作。

②把课题补充完整：＿＿＿＿＿＿合作真愉快。

③在《众人划桨开大船》的歌声中结束本节课。

主题活动二：一"弹"二"敲"三"成曲"

一、兴趣导入

听《手指歌》，双手的手指随意弹敲桌面。

二、活动开展

(一)我来说你来"弹"

听主持人的口令，按要求单手完成活动。

（活动感悟：当口令比较简单时，个人的完成度比较高。）

(二)我来说你来"敲"

听主持人的口令，按要求双手完成活动。在此轮活动中，左右手的口令要交错，而且前面的口令间隔时间长，后面的口令间隔时间逐渐变短。

（活动感悟：当口令变得复杂且紧密时，个人的完成度比较低。）

(三)"弹""敲"在前，三"成曲"

①谈谈前两次独立完成的情况，说说成功与失败的原因。

②找伙伴合作，同"曲"弹奏。

③与之前独立完成的情况进行比较，谈谈合作的利与弊。

三、课堂小结

这节课让你印象最深的是什么？和同学交流、分享自己在什么情况下自主学习的效率高，在什么情况下合作学习的效率高。

拓展延伸

拓展延伸一：　名人事例和名言

在下面的名人事例和名言中，哪些是有关自主学习的，哪些是有关合作学习的？分别说说理由。

①智者问得巧，愚者问得笨。

②欧阳修爱读书，借了别人的书后，会在规定的日期内先把书抄完还给人家，再用手抄本背诵。

③学源于思，思源于疑。小疑则小进，大疑则大进。

④集体是力量的源泉，众人是智慧的摇篮。

⑤有疑者看到无疑，其益犹浅；无疑者看到有疑，其学方进。

⑥孔子主张"学而时习之""温故而知新"。他要求学生学习时，要学、思结合，提出"学而不思则罔，思而不学则殆"。

除了上述所提到的名人事例和名言之外，你还知道哪些？

拓展延伸二： 拓宽学习视野

在现代化社会，充分利用网络资源进行有效学习，是传统学习方式无法比拟的。随着现代化信息技术的发展，运用现代信息技术手段进行有效学习的途径呈现多样化的趋势。下面就其中常见的几种途径进行简单介绍。

一、网络远程学习平台

网络远程学习就是利用计算机和互联网，登录相关的网络平台进行自学活动。这种学习途径以自主学习为主，教师指导为辅。在学习过程中，下载相关的网络课件，借助教师的讲解，结合教材进行学习，并运用所学知识完成网上布置的作业。除此之外，网络平台一般都有学习中心，以便学员可以与在线老师及其他学员讨论和交流。

二、慕课学习平台

慕课，指大型开放式网络课程，即 MOOC（massive open online courses）。它是一种在线的课程学习，也就是说，不是线下学习，而是线上学习。里面的课程覆盖广泛的科技学科，通常对学习者没有特别的要求。慕课一般都有每周的研讨话题、学习测试和网上学习小组等。

三、移动学习平台

移动学习（mobile learning）是一种在移动设备的辅助下能够在任何时间、任何地点发生的学习，是学习者利用移动终端进行学习的一种方式。移动学习所使用的移动设备能够有效地呈现学习内容，并且提供教师与学习者之间的双向交流。

课后任务

在慕课学习平台上选择自己喜欢的课程进行学习，并写下自己的学习过程和感想。

_____

_____

_____

_____

_____

第二课

善于规划，克服拖延症

🔍 问题导入

你只是看起来很努力

一次课上，一个女孩垂头丧气地跟我说："老师，我考了四次英语四级，还没过，究竟是为什么？"我说："你真题做了吗？单词背了吗？"她拿出已经翻破了的真题，跟我说："单词也背了很多遍，不知道为什么还是过不了。"看着这个学生写得满满的笔记，我心想，看起来是很努力的。因为时间关系，和她聊了几句，我就继续上课了。

第二天她又带着厚厚的笔记问我，我便鼓励她："你这么努力，下次说不定能过。"此后，我便开始关注这个女孩。没多久，我就找到了这个女孩学不好英语的原因。学习英语的过程是一个特别需要独处的过程，需要读很多遍，安静地背许久才能印在大脑里。而她每次都只是做了一遍真题，草草地对了一遍答案，根本就记不住几个单词。就像她告诉很多人自己报了一个英语班，可是几乎没有去上过课。她只是看起来很努力。

想一想：

①你是否也出现过和故事中的女孩一样"只是看起来很努

力"的情况？

　　②如果有，那我们该如何避免这种情况，切实做到付出而有收获？

 知识导航

核心知识点一：　什么是时间规划

　　时间是物质存在的一种形式，是对客观事物运动的延续性和顺序性的反映。值得欣慰的是，每个人每天都拥有 24 小时。但是由于管理时间的方式不同，每个人的单位时间价值都不尽相同。"不能管理时间，便什么也不能管理。"

　　什么是时间规划呢？时间规划即时间管理，是为提高时间的利用率和有效性而对时间进行合理计划与控制、有效安排与运用的过程。它直接影响个体的工作、学习、生活各方面的效率，也是个体人格健全的重要标志。[1]

　　时间规划能力是高中生生涯规划的必备能力，也是高中生的核心素养之一。时间管理知识对于许多高中生来说并不陌生，但很多同学仍会感叹"时间都去哪儿了"，他们的实际运用能力不强，行动力不够。

核心知识点二：　为什么要做时间规划

　　著名学者辜鸿铭正是让无形的时间转化为高效的积淀的典

---

　　①　刘建平、熊月娥：《大学生时间管理倾向对其社会适应能力的影响》，载《心理学探新》，2009(3)。

范。他精通九种语言，是将《论语》等国学经典译成外文的第一人。他翻译的经典可谓"信、达、雅"，极富有东方的智慧和西方的幽默感。他的语言能力正是在时间积累中不断获得提升的。他学英语，花了两年时间，背诵、研读莎士比亚的作品；他学德语，又花了两年时间，背诵、研读歌德的《浮士德》……其他语种的学习也大多如此。在他那里，分分秒秒的时间成了他品读每一门外语的切身体验，从而给予他丰厚的文化积淀，使他学贯中西，成为一代语言大师。时间走进了他的知识库，成为他知识融合发酵的催化剂。

按照埃里克森心理发展阶段的划分，高中阶段是自我同一性建立的关键时期，形成自我独特性知觉的重要阶段。在这个阶段，学生开始探索适合自己的生活或者学习方式，体会到自己与他人的不同，认识到自己是独特的个体。在这个阶段，学生应增强自信心，接纳自我，寻找自己解决问题的方式，建立自我同一性。当然，这种自我同一性的建立，需要独立思考作为保障，独立思考自身行为的独特性，独立思考自身的优点和缺点，以便在个性、学业与未来职业等方面对自己有更充分的了解。

高中阶段是有效规划学习的关键时期，因为高考目标日渐明确，高中的学习既要立足教材，又要突破教材，需要进行更深层次的探究学习。在高中生核心素养观的指导下，"终身学习"和"未来发展"得到了越来越多的关注，也对学生的基础学习提出了更高的要求。在升学和未来发展的双重压力下，高中生每天都迎接着多元知识的交替，这一切都凸显了有效规划学习的重要性。因此，高中生从容应对繁重学业的良策是：主动做时间的规划师。①

时间规划非常重要。同学们，你们遇到过环境适应问题吗？无论是从初中进入高中，还是从高中进入大学，新生普遍都会遇到这种问题。除了环境、学习方式的变化之外，最大的适应问题可能是在时间管理方面。自己支配的时间增多了，有些同学对突然增多的"空闲"时间一时难以应对。你们是主动的时间管理者还是被动的时间管理者呢？在完成作业后的可控时间里，个别同学会阅读、复习、打球，和朋友适当地玩耍。也有不少同学玩手机、上网等，渐渐地在时间管理方面失去了主动性。

我们可能有这样的困惑：为什么学得那么吃力？请思考以下问题：我们是主动听课还是被动听课的？我们是被动地在老师的督促下完成学业，还是主动地制订切实可行的学习计划的？我们是否拥有远大的理想？我们是否每天都精神抖擞地主动按照自己的步骤进行学习呢？其实，人的命运是掌握在自己手里的，我们手里都有一副好牌，关键是看我们怎么打。

同学们，让我们静静地思考一下：

①计划赶不上变化怎么办？晚上的学习时间如何安排？周末呢？（关于计划）

②如何合理分配各科的复习时间，提高学习效率？（关于效率）

③高中生活丰富多彩，想去做很多事情，该如何分配时间？（关于事件优先级）

④了解了一些时间管理的方法，也尝试过一些，但是很多

---

① 赵炳棋：《高中生自我时间管理优化分析》，载《西部素质教育》，2016(21)。

时候没有坚持使用，该怎么办？（关于习惯的养成）

核心知识点三： 合理规划时间是克服拖延症的有效方法

一、克服拖延症

(一)什么是拖延症

拖延症表现为：缺乏良好的时间管理能力、作业成绩下降、有焦虑等负面情绪。高中生的理性思维渐趋成熟，可以预见拖延行为在将来产生的不良影响，期望避免却又缺乏自我约束力，因此便会产生焦虑情绪。就学生而言，学业拖延产生的焦虑情绪会直接影响学生的学业效能感。有心理学家认为，拖延症源于人的完美主义倾向，由于担心自己无法完美地完成某一任务而不愿意着手实施。例如，对于课堂的限时练笔，有些同学迟迟不动笔，就是担心自己写得不好。同学们，你们受到过这种完美主义的困扰吗？除了完美主义的困扰之外，还有效能期望的困扰。虽然明确了实施的必要性，但是没有实施的效能期望，即内心没有意愿去完成或立刻开始着手完成这件事，也就无法付诸有效的行动。例如，有些同学不愿意在周末学习，喜欢以"暂时放松一下"为借口，做一些意义不大的事情，如浏览社交网站、打游戏等。

(二)预防清单与细分成就清单

对科目复习的处理通常有平摊型和叠放型两种形式。平摊型是指把要复习的所有材料平摊在眼前，根据自己的选择复习一些科目或者内容；叠放型是指按照一定的顺序排列，依次学习一个科目或内容。在高中阶段，每天的学习和复习内容并不会按照我们的习惯进行呈现，有时不免会过多、无序，如果加上课外拓展知识，内容就显得更杂而乱。这时，我们难免会焦虑和烦躁。在学习之前，不妨列一个预防清单或者细分成就清单（见图2-1）。

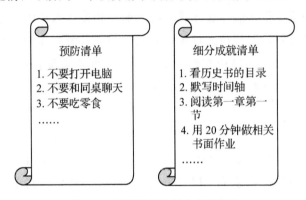

预防清单

1. 不要打开电脑
2. 不要和同桌聊天
3. 不要吃零食
……

细分成就清单

1. 看历史书的目录
2. 默写时间轴
3. 阅读第一章第一节
4. 用20分钟做相关书面作业
……

图 2-1　预防清单与细分成就清单

预防清单列出的是要回避的任务，当我们意识到自己成功阻止了某件事情的发生时，实际上就是完成了一项任务，自然而然就会产生成就感。细分成就清单是把大任务拆成小任务，就是细分任务。有一个问题："你怎样才能吃掉一个巨型大饼？"回答是："一次吃一口。"与时间相比，巨型大饼就是某个任务或者目标，它好像很难被吃掉，因为看起来太巨大了；而我们可以选择"一次吃一口"，这是一个简单可行的方法。通过可执行的小任务，一步步完成，不断获得成就感，获得进步的动力。

通过预防清单和细分成就清单，我们可以关注真正重要的任务，然后立刻采取行动，伴随产生的是持续改善的力量。这种力量有利于我们"三省吾身"、不忘初心、继续前行。

(三)对待拖延症有良方

1. 放飞任务的种子

把最难的任务放在任务清单的首位，对这个首位任务适当地拖延，从而促成其他任务的不拖延。听起来是不是有点迷糊？

其实，并非对这个首位任务完全拖延，而是让它处于"飞行模式"。例如，拿到语文考试试卷后，先看作文题目，看懂之后再从第一道题开始做。这样规划时间的好处是什么？由于作文是创造型任务，需要注入灵感，在做其他题目的过程中，作文题目已经在我们头脑中开始萌芽、生长。当完成所有题目之后，作文的提纲大概已经在脑中呈现出来了。相信大家都有过类似的体验。

又如，在自习课上，面对一道化学难题，我们可以先读懂这道难题，然后做其他难度适中的题目，也可以看看相关的知识点。面对难度（挑战）较大的任务，我们不妨先认真了解一下它，然后把它"晾"在一边，快乐地"忙东忙西"，给点时间让首位任务的种子自己萌芽、生长。最后处理这项难度最大的任务时，我们可能会以最快的速度完成。

在高中阶段，每天迎接的挑战中有不少是创造型任务。请记住，时间可以创造灵感，时间可以创造奇迹。让任务的种子放飞一会儿吧，这样既可以节约时间，也可以提高效率。

2. 增加任务当下的价值

当下的价值与未来的价值，哪一个在你们心中的分量更重？一般来说，我们对当下的价值的评估更高，因为我们活在当下。当然，也有例外的情况，那就是未来的价值能够产生高于当下的价值的"利息"的时候。如何让自己更有动力地完成今天的复习和预习呢？我们大可不必把今天的学习与前途命运直接"挂钩"，因为"被强加的目的"会让我们产生畏难的心理。只有乐于把学习融入生活，才能从源头上解决学业的拖延问题。

3. 分解任务，按部就班

拖延的背后可能有一颗追求完美的心。有些创造型任务，如写作、解决理科难题等，需要投入较多的时间和精力。如果对任务的期望较高，个体就容易产生畏难的心理，也容易产生拖延的行为。

如何解决这个问题呢？可用分解法把创造型任务分解为具体的任务。例如，当我们面对一道数学难题时，可以将这一任务分解：①阅读题目两遍；②把题目情境化；③默写数学公式；④回忆老师教授的解题技巧；⑤尝试多种解题方法；⑥找到求解的方法……这些步骤看似简单，却既可避免陷入"无从下手"的困局，也可提高解题的效率。又如，对作业的处理，建议把朗读、背诵等较为机械型的内容放在任务清单的首位，优先处理，或者结合"放飞任务的种子"的方法，提前浏览创造型任务，把简单的任务融入其中，分解任务，然后按部就班、心平气和地完成作业。

二、制订每日计划

(一)如何制订每日计划

1. PWDCR 步骤

制订有效的日计划，可以参考 PWDCR 步骤（P＝paper，W＝writing，D＝doing，C＝checking，R＝redoing）。

第一步，准备纸张（paper）。请你拿出一张整洁干净的纸，将明天的学习计划写下来。注意，不要随随便便拿几张皱巴巴的纸，最好用一个本子或统一规格的卡片，以便保存、张贴、检查、调整计划。

第二步，书写（writing）。切不可偷懒，不能只满足于将计划在头脑中晃一晃，应该把自己思考的内容一字一句、工工整整地写下来。如果你认为这是多此一举，那是因为你没有意识到写计划的重要性。

第三步，执行(doing)。按照这个计划严格执行。

第四步，检查(checking)。在一天的学习结束之后(也可在某件事情完成后)，仔细核查计划中每件事情的执行情况。主要检查以下方面。

①自己有没有将更多的时间用于最需要花时间的事情上？

②每件事情完成的效果怎样？

③哪些事情没有完成？

④为什么没有完成？

⑤是不是事情安排得太多了？

⑥应该怎样调整？

只有及时总结，才能摸索出合适的学习计划。

第五步，重复(redoing)。在总结前一天的日计划的基础上，制订出第二天详细的学习计划。

2. 制订每日计划的五个技巧

制订每日计划的五个技巧见图 2-2。

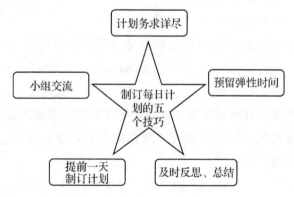

图 2-2 制订每日计划的五个技巧

及时反思主要包括以下几个方面。

①今天做了哪些有意义的事？

②今天有哪些事情是在适当的时间内做的？

③今天有哪些事情是在不适当的时间内做的？为什么在不适当的时间做了这些事情？

④今天在哪段时间里着手做最重要的事情？为什么这段时间做这件事情？能否提前完成它？

⑤今天最有效率的是哪段时间？为什么这段时间最有效率？

3. 实例探讨

小李同学制订的日计划见图 2-3。

图 2-3 日计划

想一想：

①小李同学的学习计划做得怎么样？有哪些不合理的地方？如何改进？

②你制订过学习计划吗？实施得怎样？结合上面的内容，想一想在学习计划的实施过程中，还需要注意哪些方面。

(二)轻重缓急分清楚

分清事情的轻重缓急，有条不紊地把事情做好。这里主要介绍二八原则和艾森豪威尔法则。

1. 二八原则

1897 年，意大利经济学者帕累托偶然注意到 19 世纪英国人的财富和收益模式。他在调查取样后发现，大部分的财富都流向了少数人的手里。同时，他还从早期的资料中发现，很多场合都存在这种微妙的关系，而且在数学上呈现出一种稳定的关系。于是，帕累托从大量具体的事实中发现：社会上20%的人占有80%的社会财富。人们习惯用二八定律讨论顶端的20%。这里探讨的二八原则是二八定律衍生的一种量化的实证法，用于计量投入和产出之间可能存在的关系。

在时间管理方面，二八原则的核心理念为：20%的社会资源与80%的资源活动有关，20%的工作效果影响着80%的工作价值。因此，我们不妨重新审视一下工作时间表，分清事情的轻重缓急，要毫不留情地放弃意义不大的活动，先做最重要的事情。

2. 艾森豪威尔法则

艾森豪威尔是美国第34任总统。他是美国格兰特总统之后第二位职业军人出身的总统。艾森豪威尔是一个充满戏剧性的传奇人物，曾获得很多个"第一"。艾森豪威尔是美军统率最大战役行动的第一人，还是美军退役高级将领担任哥伦比亚大学校长的第一人。为了应对纷繁的事务，并且确保高效完成，他发明了艾森豪威尔法则。

艾森豪威尔法则又叫十字法则或四象限法则。画一个十字，分成四个象限，分别是既重要又紧急、重要但不紧急、紧急但不重要、既不紧急又不重要，把自己要做的事情都放进去，然后先做既重要又紧急的那个象限中的事情，这样一来，艾森豪威尔的工作效率有了很大提高。

我们可以根据"重要性"与"紧急性"把艾森豪威尔法则用图2-4清晰地表示出来。

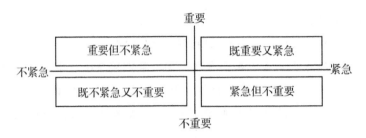

图 2-4　艾森豪威尔法则

①既重要又紧急（如老师当天布置的作业、考试前的复习资料等）——必须立刻做。

②重要但不紧急（如朗读、与人交往等）——找到恰当的时间来做。

③紧急但不重要（如有朋友约你一起去逛街）——同学催得很急，但拖一拖，甚至不做，也无关大局。

④既不紧急又不重要（如玩电脑游戏等）——拒绝做。

如何划分轻重缓急？可以从目标、重要性、需要度和满足感四个方面对将要做的事情进行评估。例如，下周有个考试，今天晚上本该复习，而你却想看电影，怎么办？这就需要评估一下。电影带来的是短暂的视觉满足，与考个好成绩以鼓励一直努力的自己，哪个更重要？哪个更值得我们投入时间与精力呢？

3. 学以致用

请按艾森豪威尔法则把下面的事情分别对应相应的象限。

①练习游泳。你将要参加一个重要的比赛。游泳一直都是你的爱好和特长，你希望在日后的工作和生活中能够保持这项优势。

②同父母谈心。父亲中午来电话说他将路过学校，要在晚上 6 点左右和你谈谈。上个周末你因打球而没有完成作业，他

批评了你。

③复习历史，因为明天要进行单元小测。

④陪好朋友 A 上街买东西。你一直期待着去看电影，A 答应陪你去看电影，但条件是你今天中午陪她上街买东西。

⑤锻炼。最近比较缺乏锻炼，上课老打瞌睡，上课效率较低。

⑥看小说。你正在看励志小说，每天都在睡觉前看几页，但往往控制不了时间，影响休息。

⑦洗衣服。由于拖延，你有很多衣服没洗，但再不洗就没衣服穿了。

⑧数学复习。本周你将数学定为你的学习重点。今天已经是星期三了，昨天的计划还没有完成。

▤ 主题活动

主题活动一： 克服拖延症有妙方

一、色拉米法("香肠"切片法)

"色拉米"是一种意大利香肠。在切片之前，又大又难看，令人难以下咽。但在切成薄片之后颇能引起人们的食欲。当化整为零后，很难下咽的东西也变得有滋有味了。

当某一学科比较薄弱时，整体复习就需要更多的时间与精力。有拖延症的同学会觉得任务过于艰巨而产生畏难的心理。建议将这门课"切开"，把这本书"切开"，把这个章节"切开"，一块一块地"吃掉"。当成绩提高，我们真真切切地体会到了成就感后，就可以用此种方法复习其他章节。

二、书面权衡法

只需要一支笔和一张纸，在纸的左边列出拖延的理由，在纸的右边列出完成被拖延的事情的好处。例如，因拖延没能按时交作业，你可以这样写（见表 2-1）。

表 2-1　没按时交作业的理由和按时交作业的好处

没按时交作业的理由	按时交作业的好处
①题目太难，无从下手。 ②晚自习总是开小差。	①按时交作业，会得到老师的表扬。 ②按时交作业，可以培养自律能力。

克服拖延症的好处有很多。我们为什么还为拖延找借口呢？一起寻找积极的解决办法吧。

三、不要过于追求完美，定一个可行的起点

过于追求完美容易使人焦虑，而这些焦虑让我们迟迟不愿意着手去行动。那么，为什么不去接纳不完美的自己呢？我们可以追求完美，但也应该勇于尝试。事实上，我们可以给自己定一个可行的起点。如果起点锻炼是每个星期跑步 140 分钟，我们就容易停留在假想方面。如果起点锻炼是每天跑步 20 分钟，这个任务就变得可操作了，更容易完成。

主题活动二：思维导图，让计划可视化

当我们带着憧憬迈进高中校园时，我们的学习将会提升到一个更高的层次。每个人都可以对自己的高中三年进行规划。思维导图（见图 2-5）能帮助我们通过图像进行逻辑思考并整理思路。当用心完成设计后，我们将会有意想不到的收获：学习变得愉悦、可视化、高效、可控，我们会更乐于提升终身学习的能力。

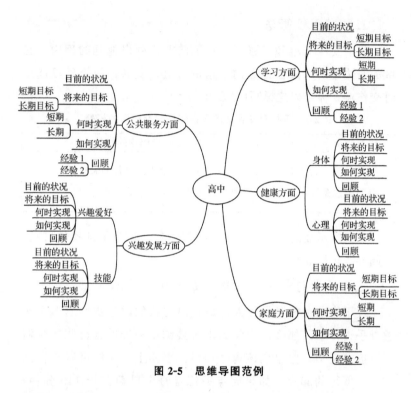

图 2-5　思维导图范例

⚙ 拓展延伸

拓展延伸一：时间管理

那些坚持做时间管理的人，后来都怎样了？

我们该如何管理自己的时间？如何保证阅读和休息时间？每个人都会经历许多类似的问题，都会感到迷茫，却又那么渴望蜕变成更好的自己。

其实我们可以选择不熬夜，给自己一天的时间做规划。长期做时间管理的人，其人生目标会越来越清晰，每天醒来都知道自己该做什么。大多数伟人之所以能够取得伟大的成就，就是因为他们自律、会管理时间、会主动学习。

拓展延伸二： 30 分钟高效管理你的时间

重要的事情先做，零星的事情不放过。一周时间管理计划表见表 2-2。

表 2-2　一周时间管理计划表

应办事项清单		时间	一周时间管理计划						
			周一	周二	周三	周四	周五	周六	周日
学科学习	(1)								
	(2)								
	(3)								
	(4)								
	(5)								
	(6)								
阅读	(1)								
	(2)								
	(3)								
	(4)								
	(5)								
	(6)								

续表

应办事项清单		时间	一周时间管理计划						
			周一	周二	周三	周四	周五	周六	周日
运动	(1)								
	(2)								
	(3)								
	(4)								
	(5)								
	(6)								
社会实践	(1)								
	(2)								
	(3)								
	(4)								
	(5)								
	(6)								

课后任务

行动起来，用从本课中学到的时间管理方法努力克服拖延症。给自己制订一个周计划，将每天要完成的任务细分，一周后检查自己是否完成了计划，并总结完成的情况，写写自己的感受。

_____

_____

_____

_____

第三课

合理归因，快乐学习

 问题导入

守株待兔

宋国有个农夫种着几亩地，他的地头上有一个树桩。一天，他在地里干活，忽然看见一只兔子箭一般地飞奔过来，猛地撞在那个树桩上死了。这个农夫飞快地跑过去，把兔子捡起来，高兴地说："这真是一点儿劲儿都没费，白捡了个大便宜，回去可以美美地吃上一顿了。"他拎着兔子一边往家走，一边得意地想："我的运气真好，没准儿明天还会有兔子跑来，我可不能放过这样的机会。"第二天，他来到地里，也不干活，只守着那个树桩，等着兔子撞过来。结果，等了一天什么也没等到。他不甘心，之后，天天坐在那个树桩下等着兔子撞过来。他等呀等呀，等到地里的野草长得比庄稼都高了，连个兔子影儿都没见到。

想一想：

故事中的农夫是如何对兔子撞上树桩进行归因的呢？他把自己能逮到兔子归因于什么呢？可以将自己的分析写下来，再结合本课学到的知识，思考自己是否获得了新的启发。

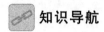 **知识导航**

核心知识点一： 归因

一、什么是归因

人总希望使自己的行为有明确的引导，使生命有意义。人往往会对事情的发生和结果寻求其原因。这种对事件的因果关系进行解释的社会认知行为就是归因。

归因不同于科学解释，归因时不可避免地会带有主观色彩。对于归因，不同的人会从不同的角度进行归因。下面主要介绍韦纳的归因理论。

二、韦纳的归因理论

在学校中，学生常提出诸如此类的归因问题，如"我为什么成功（或失败）""为什么我的生物测试成绩总是不如别人"等。美国心理学家韦纳认为，人们将行为成败的原因归纳为以下六个因素。

①能力——评估个体对该项工作是否胜任。

②努力——个体反省、检讨在工作过程中是否尽力而为。

③工作难度——凭个体经验判定该项工作的困难程度。

④运气——个体认为此次成败是否与运气有关。

⑤身心状况——在工作过程中，个体当时的身体状况及心情是否会影响工作成效。

⑥其他——个体认为，除了上述五个因素之外，尚有其他影响因素（如别人的帮助或评分不公平等）。

韦纳按各因素的性质，将以上因素纳入以下三个维度。

（一）因素来源

因素来源是指当事人自认为影响其成败的因素来源是个体自身（内控因素），抑或外在环境（外控因素）。在此维度上，能力、努力及身心状况三项属于内控因素，其他各项则属于外控因素。

（二）可控性

可控性是指当事人自认为影响其成败的因素在性质上是否由个人意愿决定。在此维度上，以上因素中只有努力一项是可以凭个人意愿控制的，其他各项均非个人意愿所能控制的。

（三）稳定性

稳定性是指当事人自认为影响其成败的因素在性质上是否稳定，是否在类似情境下具有一致性。在此维度上，以上因素中能力与工作难度两项是不随情境的改变而改变的，是比较稳定的。其他各项均是不稳定的。

韦纳等人认为，我们对成功和失败的解释会对以后的行为产生重大影响。如果把考试失败归因于能力缺乏，那么以后的考试还会期望失败；如果把考试失败归因于运气不佳，那么以后的考试就不大可能会期望失败。韦纳将以上因素和三个维度结合起来，构成了三维度模式（见表3-1）。

表3-1　三维度模式

归因类别	成败归因向度					
	因素来源		可控性		稳定性	
	内部	外部	可控	不可控	稳定	不稳定
能力	√			√	√	
努力	√		√			√
工作难度		√		√	√	

续表

归因类别	成败归因向度					
	因素来源		可控性		稳定性	
	内部	外部	可控	不可控	稳定	不稳定
运气		√		√		√
身心状况	√			√		√
其他		√		√		√

❤ **分析与思考**

请阅读以下案例，思考以下归因方式是否恰当。

案例 1：小唐刚升入高一，开学有一个月了，对高中生活还没有完全适应。她参加了期中考试，考试结果出来之后，大哭了一场，因为不能接受原来在初中学校是佼佼者的她，竟然有多门课不及格，而且自己擅长的数学也不及格。她开始不能接受自己的成绩，甚至怀疑自己后面的学习会跟不上。在班主任开了一个"我学习，我快乐"的主题班会后，她才明白其实有多种原因导致了自己这次考试失利。高中时的学习方法和初中时的学习方法是不同的；自己刚到新学校就参加了很多活动，心静不下来，并没有完全投入学习；还有这次的题目对刚上高一的学生来说也偏难了点儿等。班主任还说还有很多同学和她的情况一样，只是暂时不适应而已，调整一下，很快就会有进步。

同学们，刚上高一的你是否也会遇到这样的困境呢？你又会如何分析和思考呢？

案例 2：小文是高三学生，高考的压力让他的状态越来越差。10 月份的月考又考砸了，小文好几天都闷闷不乐，对什么都提不起兴趣。而小文的同桌小雅则完全不一样，虽然这次月考考得也不好，但她每天仍旧很早到教室，一下课就问老师问题，总是在思考，一副很有劲头的样子。小文很不解，为什么同样是学习，自己就学不好；而小雅即使学得不好也那么积极。班主任发现了小文的情绪变化，就找小文谈话。一番畅谈之后，小文认识到自己在学习上缺乏具体目标，自制力又差，学习三分钟热度，加上有些学科的复习方法有点问题，所以才会一直退步。而小雅一直都有自己的复习计划，不断调整自己的方法。她坚信，失败只是暂时的，只要坚持不懈地努力，高考一定会考好！小文在跟班主任和小雅沟通后，坚定了自己的信心，认识到自己在学习上的问题，他开始主动改变，最终考上了理想的大学。

小文的案例说明正确面对考试失利，合理归因，既有利于以后的学习，也有利于自我的不断成长。

同学们，以上案例里有没有你的影子？你在学习上遇到困难时，又是怎样分析原因的？你觉得怎样归因，能让你更有信心、更积极地面对学习中的困难？

三、高中生对考试成败归因的一般特点

心理学研究发现中小学生对考试成功和失败的归因特点存在差异，具体表现为对影响考试成败的八个主要原因（能力、持久的努力、心境、运气、教学质量、任务难度、临时的努力、他人的帮助）有不同的排序。① 考试的成功与否并非取决于能力因素，而是取决于对失败结果的归因。持久的努力、心境、能

① 孙煜明：《学生考试成功结果的归因分析——归因理论的跨文化研究》，载《心理学报》，1991(2)。

力等内部原因的地位明显上升。

大多高中生对考试成功原因的排序是：心境、临时的努力、教学质量、持久的努力、能力、任务难度、他人的帮助、运气。其中，心境、持久的努力、教学质量是考试成功的主要原因，而运气、他人的帮助是考试成功的非主要原因。

大多高中生对考试失败原因的排序是：能力、持久的努力、心境、运气、教学质量、任务难度、临时的努力、他人的帮助。其中，能力、持久的努力、心境是考试失败的主要原因，而他人的帮助、临时的努力是考试失败的非主要原因。当然，也会出现归因偏差。

核心知识点二： 不同的归因
如何影响高中生的学习

从理论上讲，归因作为高中生学习适应性中的一个因素，是对学习成绩的心理反应，学习成绩的好坏必然与归因存在紧密的联系，学习成绩越差越容易将成功归因于运气，其原因在于学习成绩越差的高中生获得成功的可能性越小，多次连续的失败会使其丧失自信心，因此对自己的偶然成功可能会归因于运气。

从内外归因的角度来看，如果将成功归因于自己的能力和努力等内部因素，个体就会感到骄傲、满意和自信，之后会加倍努力；如果将成功归因于学习任务容易和运气好等外部因素，个体的自我满意感就比较少。如果将失败归因于能力欠缺或努力不够，个体就会产生愧疚；如果将失败归因于任务太难或运气不好，个体的愧疚就会比较少。

从稳定性的角度来看，如果将成功归因于运气比较好，个体对未来成功的期望就会比较低；如果将失败归因于运气不好，个体对未来成功的期望就会比较高。如果将成功归因于能力比较强，个体对未来成功的期望就会比较高；如果将失败归因于自己的能力比较弱，个体对未来成功的期望就会比较低。

从内外控的角度来看，内部控制者把学业的成功归因于能力和勤奋，把失败归因于努力不够，因此成功将给他们带来更多的鼓励和自信，而失败可能会促使他们进一步提高自己的能力和努力程度。外部控制者把学业的成败归因于外部因素，如运气、猜测、教师水平、题目难度等。因此，无论学习是成功还是失败，他们都容易对自己的能力和努力失去信心，不愿意投入更多的时间和精力，因此难以提高学习成绩。

个体归因模式的形成、发展、改变不是一朝一夕的事，学业的成功与失败通过归因教育给高中生带来的影响可能是暂时的，一段时间后，可能一切又恢复原来的习惯。从实验心理学的角度来看，高中生在以往的学习生活中所形成的归因模式已成为恒定因素，因此造成其与学习成绩无关。虽然归因与高中生的学习成绩不存在相关，但从统计结果来看，与高中生身心健康、学习适应性的良好发展有较大的相关。

不同的归因会产生不同的结果和影响。例如，如果把某一次的考试成绩不理想归因于自己笨、能力不足、认为自己无论如何都学不好（内部的、不可控的），那么个体就不会努力查缺补漏、争取下次考试提高成绩。如果把某一次的考试成绩不理想归因于自己对某一知识点没有掌握好（内部的、可控的），个体就会反复记忆知识点和做习题，这样可能会在下次考试中拿到不错的分数。同学们，你是如何对自己的学习结果进行归因的呢？你的这种归因方式产生了什么样的后续行为呢？

核心知识点三： 如何合理归因

面对学业的成败，不同的归因方式会产生不同的影响。同学们在面对学业的成败时，应尽量运用积极的归因方式。

第一，要客观分析影响你学业成败的原因，不要主观臆断。

第二，在一般情况下，要先从内部找原因，激发自己的责任感，不要一味埋怨外部环境，也不要一味自责。

第三，要尽量归因于自己可以改变的原因，不要过多归因于不可改变的原因。

 分析与思考

请阅读以下案例，帮助案例中的同学进行归因。

案例1：笑笑初三时学习成绩较好，父母和老师对她都非常放心，笑笑也刻苦努力，考上了当地一所优秀的高中。可是上了高一以后，她的成绩出现了翻天覆地的变化，成绩不断下降。从初中到高中的学习生活有着较大的改变，老师的教学方式和学习内容都有所不同，学生需要调整自身去适应这些转变，而笑笑却认为成绩不好的原因是自己不是学习的料，再努力也没有用。假如对笑笑的想法不加以干预，那么她可能就会变得厌恶学习，变得消极、自暴自弃，她的学习生涯将止步于此……

请帮助笑笑找出她归因的不合理之处，思考一下她应该如何正确归因。

案例2：亮亮与笑笑一样，也是一名高一学生，进入高中后，他的学习也出现了问题。亮亮认为，他成绩不好的原因是高中老师教得不好，他觉得自己太倒霉了，原本在初中成绩优异的他陷入了低谷，无法提高自身的成绩，因此感到十分沮丧，将责任都推卸给了授课老师。但是他没认识到，高中学习内容的难度较高，或许他的学习方法早已不适用于现在的学习……如果亮亮继续这样，不从自身找原因，那他可能就会更找不到学习的方向，从而导致成绩进一步下降。

同学们，请你指出亮亮归因的不合理之处，帮助他进行正确归因，找到学习的方向。

设想亮亮归因后的行为和后果：心烦，闹情绪，上课不认真学，逃学，成绩越来越差；心烦，上课不听讲，课下自学，多花时间，成绩不一定能跟上；心烦，上课不听讲，请家教，产生依赖……

归因不合理之处：片面，只看外因不看内因，对老师缺乏客观分析，情绪化，不能冷静地对待老师，长期下去会形成消极暗示。

从以上案例中我们可以发现，归因对学习中的自我评价具有重要影响。

学习中消极的自我认识可能和较差的学习成绩、老师的批评、家长的斥责、同学的冷落等紧密相关，积极的自我认识可能和较好的学习成绩、老师的表扬、家长的鼓励、同学的羡慕等紧密相关。一个人无论以前的表现如何，无论外界怎样看待自己，自己对未来拥有积极的心态都是非常重要的。

想一想：你在归因时，应该注意什么？

总结：我们对自己的学习进行了归因分析，对现实自我进行了审视和调整。面对失败，只有正确归因，才可能会走向成功，从低谷走向高峰。但是，面对成功，假如不能正确归因，也会从高峰掉入低谷。所以，无论是失败还是成功，都要学会正确归因，这样才能不断进步，顺利地从"现实自我"走向"理想自我"，最后到达理想的彼岸，实现自己的理想。

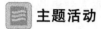 **主题活动**

主题活动一： 游戏导入——穿针引线

规则：选出四位同学参加游戏，两两一组，一位同学拿针，另一位同学拿线，在规定时间内将线穿过针孔。要求开始前两位同学都必须将手放下，时间一到，拿针的同学必须放手。其他同学监督，并说"5、4、3、2、1、停"来帮助计时。

游戏完成后请参加的同学谈谈成功或失败的原因和游戏体会，也可请其他同学谈谈想法，借此引出主题：成功源于合理归因。

主题活动二： 归因自评与分析——以考试为例

在对"归因"进行简单介绍后，请大家填写一份考试归因自测表，并在符合自身情况的题目后面打"√"，符合的记 1 分，不符合的不记分。

考试归因自测表

在本次考试中，我觉得最不满意的学科是：＿＿＿＿＿＿＿

考试成绩不理想，是因为：＿＿＿＿＿＿＿＿＿＿＿＿

①家中没有人帮我解答疑难作业。（　　）

②情绪不稳，常被无端的情绪干扰。（　　）

③学习科目过于枯燥。（　　）

④平时养成了懒散的习惯，不愿学习。（　　）

⑤家里环境差，没法学习。（　　）

⑥我没有找到有效的学习方法。（　　）

⑦父母不关心我的学习。（　　）

⑧我缺乏恒心和毅力。（　　）

⑨班级的学习风气不好。（　　）

⑩我不会妥善安排学习时间。（　　）

⑪学校令人讨厌。（　　）

⑫我的学习基础不好，跟不上。（　　）

⑬老师的教学方法不适合我。（　　）

⑭我自己不够努力。（　　）

⑮运气不好，复习的内容总是不考。（　　）

⑯我的身体欠佳，无法集中精力学习。（　　）

⑰考题总是太难。（　　）

⑱我对学习没有兴趣。（　　）

⑲我不喜欢任课教师。（　　）

⑳自身能力不够。（　　）

其他：＿＿＿＿＿＿＿＿＿＿＿＿＿＿＿＿＿＿＿＿＿＿

影响我学习的五个重要因素依次为（只写题号）：＿＿＿＿＿＿

【计分规则】请按题号的单双数分别统计得分，以此分析自己的归因特点：如果选择的单数题号的题目较多，那就说明你通常习惯把自己的成功和失败归因于外部环境，是一个外部控制的人；如果选择的双数题号的题目较多，那就说明你善于从内部寻找原因，是一个内部控制的人；如果选择的单数题号的题目数量和双数题号的题目数量差不多，那就说明你不是典型的内部控制或外部控制的人。那么你是哪种人呢？可以和同学们一起分享。

主题活动三： 深入分析， 加深理解

用表格的形式(见表 3-1)与同学们一起深入分析各个原因的特点。

学生小结：内部、可控、不稳定的因素为_____

教师小结：韦纳告诉我们，如果个体将成功归因于能力和努力等内部因素，他就会感到骄傲、满意，信心十足，动力增强；如果个体将成功归因于任务容易和运气好等外部因素，他产生的满意感就会较少，下次就不一定努力。相反，如果个体将失败归因于缺乏能力或努力等内部因素，他就会产生羞愧和内疚，激发内部动力；如果个体将失败归因于任务太难或运气不好等外部因素，他产生的羞愧就会较少，也不会再去努力争取成功。归因于努力比归因于能力，无论对成功还是失败都会产生更强烈的情绪体验。将失败归因于内部、稳定、不可控(能力)因素是对个体成功最大的阻碍。

合理归因的方法有以下几种。

①不一味埋怨外部环境，要多从内部找原因，激发自己的责任感和信心。

②尽量归因于自己可以改变的原因，不要过多归因于不可改变的原因。

③培养自己积极的思考模式，多从积极的角度来思考和分析问题，相信自己。

(这一环节是对自测环节的加深理解，是为了让学生认识到哪些因素是可控的，继而进一步做到合理归因。)

结束语：

合理归因不是为失败找借口，而是寻找努力的方向；不是

一味自责，而是相信自己可以完善。今天的生活是昨天选择的
结果，明天的生活需要我们正视自我，在今天做出合适的判断、
明智的抉择。人生没有公式也没有法则，但是你的思维方式会
决定你的生活轨迹。每次归因之前，应当有这样一个信念——
命运，只能掌握在自己的手中！

 拓展延伸

拓展延伸一： 凯利的归因理论

美国社会心理学家凯利提出，可以使用三种不同的解释来
说明行为的原因：一是归因于从事该行为的行动者；二是归因
于刺激物；三是归因于行为产生的情境。凯利认为，要找出真
正的原因需要注意行为的区别性、一贯性和共同性。[1]

区别性是指行动者是否对同类其他刺激也做出相同的反应，
行动者是在众多场合下都表现出这种行为还是仅在某一特定情
境下表现出这一行为。例如，一名今天迟到的员工是否经常表
现得自由散漫、违反规章制度。如果行为的区别性低，则观察
者可能就会对行为做内部归因；如果行为的区别性高，则观察
者可能就会对行为做外部归因。

一贯性是指行动者是否在任何情境下和任何时候都对同一
刺激物做出相同的反应，即行动者的行为是否稳定而持久的。

---

[1] Weiner, B., Heckhausen, H., & Meyer, W. U., "Causal as-
criptions and achievement behavior: A conceptual analysis of locus of con-
trol," Journal of Personality & Social Psychology, 1972, 21(2), pp. 239-
248.

例如，如果一名今天迟到的员工并不总是上班迟到，她有 7 个月从未迟到过，则表明今天迟到是一个特例，行为的一贯性较低；如果她每周都迟到两三次，则说明行为的一贯性高。行为的一贯性越高，观察者越倾向于对其做内部归因。

共同性是指其他人对同一刺激物是否也做出与行为者相同的反应。如果每个人面对相似的情境时都有相同的反应，我们就说该行为表现出了共同性。例如，所有走相同路线上班的员工都迟到了，则迟到行为的共同性就高。从归因的观点看，如果共同性高，我们就会对迟到行为做外部归因。如果走相同路线上班的其他员工都准时到达了，则应认为该员工的迟到行为的原因来自内部。

凯利认为这三个方面的信息构成了一个协变的立体框架，根据上述三个方面的内容，可以将人的行为归因于行动者、刺激物或情境。举个例子，如果学生 A 上英语课迟到了，那他迟到的行为可以被归为三种情况：情况一，如果其他同学上英语课也迟到，且大家总是迟到，上别的课却不迟到，那么学生 A 迟到的行为就应被归因于刺激物，如英语老师上课很无聊；情况二，如果其他同学上英语课不迟到，只有学生 A 迟到，但他是偶尔迟到，且上其他课都不迟到，那么学生 A 迟到的行为就应被归因于情境，如刮风下雨引发的迟到；情况三，如果其他同学上英语课不迟到，而学生 A 无论上什么课都迟到，那么学生 A 迟到的行为就应被归因于行动者，即学生 A 本人。通过这种方式，我们能够对生活中的事件进行快速归因（见表 3-2）。

表3-2　凯利的归因框架

	区别性	一贯性	共同性	归因方式
情况一	高（学生 A 上其他课不迟到）	高（学生 A 总迟到）	高（其他人也迟到）	刺激物
情况二	高（学生 A 上其他课不迟到）	低（学生 A 偶尔迟到）	低（只有学生 A 迟到）	情境
情况三	低（学生 A 上其他课也迟到）	高（学生 A 总迟到）	低（只有学生 A 迟到）	行动者

拓展延伸二：　海德的归因理论

归因理论是社会心理学理论之一。归因是指观察者从他人的行为推论出行为原因、因果关系。归因理论研究人们如何做出归因，以及为何在某种情况下做出某一种归因，在另一种情况下做出另一种归因。归因理论的假设建立在个人重建认知平衡的欲望之上，主张当人们发生言行脱序状况时，会主动运用存在大脑中的认知为自己找到原因，或为别人找理由。

格式塔心理学家海德（见图 3-1）经常被描述为 20 世纪初的"归因理论之父"，重视对人知觉的研究。海德解决了现象学的问题：为什么人在感受到属性时将之归因于感受的对象，其实这些属性都是在大脑中构造出来的（例如，红色的光照在白纸上，我们会以为是一张红色的纸）。在海德看来，行为的原因或者在于环境或者在于个人。如果

图 3-1　海德

在于环境，则行动者对其行为不负责任；如果在于个人，则行动者就要对其行为负责任。海德关于环境与个人、外因与内因

的归因理论成为后来归因研究的基础。

课后任务

与同学分享自己考试成绩不理想时如何提高自我，取得进步的经历。

_____

_____

_____

_____

_____

第四课

仰望星空，脚踏实地

🔍 问题导入

仰望星空

2010 年 5 月 4 日，中华人民共和国国务院总理温家宝到北京大学与该校学生共度"五四"青年节。当温总理缓步走进北大学生书画研究会的书画展室时，同学们都很兴奋，大家都在想着应该给温总理写点什么。这时，学生书画社社长、哲学系学生李丹琳想到了温总理的那首诗歌《仰望星空》，随即写下了"仰望星空"四个大字；温总理看完这幅书法作品后，挥毫写下了"脚踏实地"四个苍劲有力的大字。这一应和寄寓着总理对青年的殷切期望：既要有远大的理想、崇高的追求，也要脚踏实地，从小事做起，一步一步向梦想迈进。

2010 年 5 月 13 日，北京航空航天大学宣布，经北京航空航天大学学校党委常委会决定，该校的校歌歌词正式被确定为温总理的诗歌《仰望星空》。之所以将《仰望星空》作为校歌歌词，是因为北京航空航天大学师生对温总理始终怀有一种特殊的爱戴之情，都铭记着他两次莅校亲切看望和勉励大家的情景——2003 年非典时期，温总理来到北京航空航天大学，在主楼的教室里对师生提出了"中国要制造自己的大飞机"的殷切期望；2008 年 12 月金融危机席卷全球时，温总理又一次来到北京航空航天大学图书馆，和同学们亲切座谈，鼓励大家"树立信心"，要依靠知识和科技的力量，勇于承担国家重任。

附：

仰望星空

我仰望星空，它是那样辽阔而深邃；那无穷的真理，让我苦苦地求索、追随。

我仰望星空，它是那样庄严而圣洁；那凛然的正义，让我充满热爱、感到敬畏。

我仰望星空，它是那样自由而宁静；那博大的胸怀，让我的心灵栖息、依偎。

我仰望星空，它是那样壮丽而光辉；那永恒的炽热，让我心中燃起希望的烈焰、响起春雷。

你认为"仰望星空"的具体含义是什么？说说你的理解。

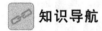 **知识导航**

核心知识点一："仰望星空"的含义

"仰望星空"是一种诗意的表达。从《仰望星空》这首诗中，我们可以读到温总理的所思所想。全诗平白质朴又意味深长，透露出总理对真理、正义、自由、博爱的思考，对国家民族人类共同命运的关怀。"仰望星空"概念被运用在"学生生涯发展指导"的语境中，我们将其解释为"确立远大的人生目标"，即"明确人生的方向"。

一、什么是目标

目标是"想要达到的境地或标准"，这是《现代汉语词典》对"目标"的释义之一。目标的主体可以是国家、民族、社会团体和个人。人生目标即个人目标，它具有目标的所有特性，主要表现在以下四个方面。

（一）主观性

目标是对活动预期结果的主观设想，是在头脑中形成的一种主观意识形态。因此，它是抽象的、不可视的，但可以通过语言、文字等方式向他人和社会表达出来；它取决于每个人的主观意识形态，因此每个人的目标都是不一样的，具有唯一性。即使两个人的目标表达出来一样，在其具体细节上或目标设定者的心目中，也依然存在或多或少的差异。人生目标受个人的智力、能力、兴趣及外在的社会资源等因素的制约，是一种受客观因素制约的主观意识形态。只要人生目标符合人类的法律与道德，就值得我们尊重。

（二）方向性

目标是活动的预期目的，为实践活动指明前进的方向，指引各方面的资源作用于同一个方向。要注意的是，对于个人而言，目标仅仅是"远处一座闪耀的灯塔"，而不是"一本厚厚的、具体的航海指南"。因此，目标只是指引人前进的一个位置，而不是详尽的行动计划。目标的方向性具有重要意义，大方向的确立为详细的行动计划奠定了基石。

（三）实践性

只有通过实践才能实现目标。对于个人而言，实现人生目标需要付诸实践，没有付诸实践的目标永远都只能存在于头脑之中。实践不意味着一定会实现目标。通过实践可能会产生三种结果：完全实现目标、部分实现目标、完全没有实现目标。目标的实践性所产生的结果是我们对目标最终进行评价的主要依据，目标的实践性本身也具有重要价值，即人们常说的"过程和结果一样重要"，甚至"过程比结果更重要"。

(四)可变性

任何目标都是在特定时期被设定出来的，人生目标亦然，它反映的是一个人在某个特定时期的主观意识。随着时间的推移，人生目标可能会发生改变。一般来说，有以下几种情形。一是既定的人生目标已经实现，个人又设定了另一个人生目标。例如，爱迪生完成了一项伟大发明后，又设定了另一个伟大的发明目标。二是在既定的人生目标的实现过程中，个人放弃原有的人生目标，转而设定另一个人生目标或对既定目标进行调节。例如，鲁迅先生弃医从文的故事。三是在规定的时间内没有实现既定的人生目标，重新设定一个时间期限，再次完成原来的人生目标。

二、远大的人生目标

远大是指长远而广阔，不限于目前。远大的人生目标，既不是当下的小目标，也不是阶段性的目标，而是人生的大目标。在某种程度上，它可以等价于理想。远大的人生目标应该具有以下特征。

(一)时间周期长

远大的人生目标不同于一般的目标，其一大特征就是时间周期长。它的时间上限是个人生命的总长，因此它是人生的终极目标，至少是阶段性的目标。目标都可以外化。由于目标本身具有可变性，因此它可能有不同的表现形式，但跨越人生的较长时间是其共性。

（二）格调宏伟

人生目标不等于单件事想达到的目的。远大的人生目标的格调宏伟，它基本上是智力、能力、外在条件综合作用所达到的结果，反映的是一个人气度、能力的极限。从以下名人对远大的人生目标的喟叹或对人生目标的表述中可见一斑。

夫志当存高远。——诸葛亮

为中华之崛起而读书。——周恩来

（三）体现个人、社会价值

人的社会属性决定了人生目标的设定与实现应同时体现个人、社会价值。远大的人生目标的实现能够证明个人的价值，这种价值体现为因财富、声望的获取及心理期待的被满足而产生的愉悦感；远大的人生目标的实现及其对社会的后续影响，必然会对整个社会产生积极的影响，个人势必会"部分地改变"世界，从而体现其社会价值。

三、如何确立远大的人生目标

（一）心系天下，立世为民

无论是怎样的人生目标，谓之远大，则一定是超越了个人、家庭的局限性，将目光投向了民族、国家乃至整个人类。仅仅关注个人的目标算不上是远大的人生目标。个人在树立远大的人生目标时，要注意其格局，要有心系天下、立世为民的气魄。这一点和人生目标的社会价值属性息息相关。需要特别注意的是，心系天下，立世为民，并不是要求人人都成为伟人。每个人的能力、经历不一样，所能达到的高度也不一样。我们对"心系天下，立世为民"的定义很简单：一个人只要能够尽可能地完善自我品德与技能，运用所学服务大众，为社会做出应有的贡献，就可称为"心系天下，立世为民"，这应该是绝大多数人能够企及的高度，实现的可能性是较大的。下面的事例可以诠释"心系天下，立世为民"。

事例：周恩来为中华之崛起而读书。

青少年时期的周恩来，喜欢读书看报。他耳闻目睹了中国人在外国租界受洋人欺凌却无处说理的事，对此周围的人都敢怒不敢言，他从中深刻体会到了"中华不振"的含义，从而立志"为中华之崛起而读书"，表现出为国家和民族奋斗终身的责任感和使命感。周总理曾对身边的工作人员说："人的一生很短暂，如果一个人能活七十岁，也不过两万多天，再不抓紧时间，为人民工作的机会就更少了。"周恩来的一生可以说是为国家和人民奉献的一生，他的理想坚定，高风亮节，功勋卓著，鞠躬尽瘁。

（二）分析当下，预判未来

个人是社会的一部分，个人的人生目标必然建立在与社会的关联上。因此，对当下及未来进行分析，据此来确定人生目标就显得很重要。

分析当下，即对影响个人人生目标的因素进行综合分析，以此对人生目标进行权衡、选择。对当下的分析包括时代的主题、国情、眼下的就业形势等。其中，前两者属于宏大的环境；后者属于较为具体而现实的环境，它往往会对一个人确立远大的人生目标产生较为明显的影响。

由于个人人生目标的最终实现与目标制订在时间上相去甚远，因此，对未来进行适当预判很有必要。未来是不确定的，却是可预测的。我们可以根据已有的资讯进行符合逻辑的推断，以此为个人远大的人生目标的最终确定提供尽可能多的支撑。很多成功人士正是成功地预判了未来社会的发展趋势，从而实现了人生的远大目标。

(三)自我 SWOT 分析①

SWOT，具体来说，S(strengths)是优势，W(weaknesses)是劣势，O(opportunities)是机会，T(threats)是威胁。SWOT分析，即态势分析，就是将与研究对象密切相关的各种主要内部优势、劣势及外部的机会和威胁等，通过调查列举出来，并依照矩阵形式排列，然后用系统分析的思想，把各种因素相互匹配起来加以分析，从中得出一系列相应的结论，而结论通常带有一定的决策性。

运用这种方法，可以对研究对象所处的情境进行全面、系统、准确的研究，从而根据研究结果制订相应的发展战略、计划以及对策等。SWOT 分析法常常被用于制订集团发展战略和分析竞争对手的情况。在战略分析中，它是较常用的方法之一。我们将其借鉴到生涯发展规划之中，这也是对这一理念的深度认可，因为它的确能够全面而系统地反映研究对象，为我们做出最终的选择提供有力的参考。

我们进行 SWOT 分析，即以个人为中心，将与个人相关的S、W、O、T 详细地罗列出来，再进行综合分析，为个人设定人生目标(决策)提供充分的参考资料。以下是一名大学生的SWOT 分析范本(见图 4-1)，可供参考。

核心知识点二："脚踏实地"的含义

脚踏实地是指做事踏实、认真。它包含"踏实"和"认真"两

---

① 葛鑫鑫：《基于 SWOT 分析法的中小学职业生涯规划教育研究》，载《亚太教育》，2016(27)。

优势（S）	劣势（W）
①语文、物理、历史是我的优势科目。 ②我是个懂事的男孩。 ③我已经通过了钢琴十级的考试。 ④我是学校篮球队的，爱好打篮球。 ⑤我具有一定的创造力。 ⑥我的学习习惯很好，能按时完成计划的任务。	①生物是我的劣势科目。 ②我具有一定的创造力，但是往往很粗心。 ③我非常内向，不太擅长和他人交流。 ④我的兴趣广泛，但没有什么是我擅长的。 ⑤我通常很难提前完成计划的任务。
机会（O）	威胁（T）
①互联网企业的发展势头强劲。 ②某市具有开放、包容的文化氛围。 ③某大学的金融、化学专业是其优势专业。 ④我特别喜欢物理老师的教学风格。 ⑤班里的学习氛围很好，我能够得到很多帮助。	①很多职位对学历的要求越来越高。 ②我想读金融专业，但我所在的城市的就业机会不多。 ③化学是我的劣势科目。 ④我所就读的学校缺少优秀的化学老师。 ⑤我的家人不能为我的学习提供专业建议。

图 4-1　SWOT 分析范本

个方面的内涵。

一、踏实

踏实是指切实、不浮躁。它包含以下两个方面的内涵。

(一)切实

切实，即一切从实际出发。从哲学层面来说，一切从实际出发，即我们想问题、办事情要把客观存在的实际事物作为出发点。做事情要尊重客观规律，从客观存在的事物出发，找出事物本身固有的而不是臆造的规律，以此作为我们行动的依据。对于高中生而言，要做到以下两点。

第一，要以其所处的客观环境及个人的实际情况为出发点，规划自己的学习与生活，任何脱离了其所处的客观环境及个人的实际情况而做出的决定都可能会导致结果事与愿违，对自身产生负面情绪，最终与既定目标渐行渐远。

第二，要尊重客观规律，否则就会受到规律的惩罚。以学习规律为例，目前人们总结的学习规律有很多，其中不少已经被证实是科学有效的。例如，学习应从部分到整体、从现象到本质，学习可利用艾宾浩斯遗忘曲线，学习应举一反三等。学生在学习的过程中，只有有意地遵循这些规律，才能收到事半功倍的效果。

（二）不浮躁

浮躁是指轻浮、急躁，是一种消极的态度，是一种负能量。轻浮、急躁主要会带来以下负面影响。

第一，浅尝辄止。它是指略微尝试一下就停下来，对知识、问题等不做深入研究。浅尝辄止的行为模式是：选定一件事开始做，浅尝辄止者往往会在遭受暂时的挫败时，就轻易放弃，从来不肯为一件事倾尽全力，就算尝试的频次高或尝试的对象多，实际上是没有什么成效的，只是在做无用功。

第二，患得患失。《论语》说，"其未得之也，患得之；既得之，患失之"，说的就是患得患失者对个人的利害得失斤斤计较的心态。在学习过程中，我们在有所得的同时，往往会有所失，这本是很正常的事。然而，患得患失者在未"得"之前，往往会把注意力放在结果上，这样自然就不能专注于要做的事；而他们在"得"到之后，又完全不能接受"失"的结果，如此一来，"失"对他们的打击就更大，往往会使他们无法再提起自信去重试。因此，患得患失者亦不能成事。

二、认真

认真是指严肃对待，不马虎。

（一）严肃对待

严肃是指作风严格、态度认真。严格意味着高标准，一旦我们以严格为行为的标准，那就意味着那些应付式的成果是无法通过验收的。这样的高标准是一种无形的压力，能够在事先给予事件的实施者足够的提示，使之充分重视，全身心投入。当然，高标准带来的巨大压力也是我们需要重点关注的。否则，没有健康的心理作为保障，再优秀的成果也会黯然无光。

（二）不马虎

马虎是指做事草率、敷衍、疏忽大意、不细心。做事草率即没有按照既定的要求或步骤去做事，如做化学实验，少了几个步骤；敷衍则是责任缺失的体现；疏忽大意及不细心都是对细节不够关注。细节决定成败，马虎的做事方式必然会带来失败的后果。因此，做事情切记不能马虎，要脚踏实地。

核心知识点三："仰望星空"与"脚踏实地"的关系

一、"仰望星空"为"脚踏实地"提供动力

"脚踏实地"的本质是实践，在目标实现之前，它可能是枯燥乏味的。在"脚踏实地"的过程中需要不时地"仰望星空"，通过"星空"的深邃美丽（远大目标的巨大价值）的刺激，为个人提供前行的动力，缓解奋斗过程中的疲乏感、懈怠感，和潜在的将要放弃的念头做斗争。

二、"脚踏实地"是使"仰望星空"演化为"触摸星空"的唯一源泉

"星空"固然深邃美丽，但如果仅仅只是仰望，而不付诸实践，那"星空"永远都是遥不可及的。只有脚踏实地，一步一个脚印地向前走，才能不断缩短与"星空"的距离，最终"触摸星空"，实现人生目标。

三、"仰望星空"和"脚踏实地"是相辅相成的关系

每个人只有时刻将两者联系起来，才能迸发出最大的能量。明确了方向（"仰望星空"），明白了行动中需要的态度（"脚

踏实地"），接下来就是努力发展自己的技能。技能是一个比较大的概念，其内涵与外延都很广，很难进行科学的细化。学生技能，是指在校学生为今后踏入社会而需要在校掌握的技能。教育的任务在各个阶段的表述都不一样，社会对不同学段学生的技能要求也不尽相同。就高中生而言，现阶段，我们将"中国学生发展核心素养"概念与其对接。①

《教育部关于全面深化课程改革落实立德树人根本任务的意见》正式印发，首次在国家文件中提出"研究制订学生发展核心素养体系和学业质量标准"。

习近平提出，教育是提高人民综合素质、促进人的全面发展的重要途径，是民族振兴、社会进步的重要基石，是对中华民族伟大复兴具有决定性意义的事业。建设教育强国是中华民族伟大复兴的基础工程，要全面贯彻党的教育方针，落实立德树人根本任务，发展素质教育，推进教育公平，培养德智体美全面发展的社会主义建设者和接班人。

经过国内专家学者多年的研究，2019 年 9 月，中国学生发展核心素养研究成果在北京发布。核心素养以培养"全面发展的人"为核心，分为文化基础、自主发展、社会参与 3 个方面，综合表现为人文底蕴、科学精神、学会学习、健康生活、责任担当、实践创新六大素养，具体细化为 18 个基本要点（见表 4-1）。

学生发展核心素养是指学生应具备的、能够适应终身发展和社会发展需要的必备品格和关键能力，是关于学生知识、技能、情感、态度、价值观等多方面要求的综合表现。我们发展

---

① 赵长江：《高中生生涯规划与选课指导》，济南，山东人民出版社，2018。

学生的技能，可以依托各个学科进行全方位的培养。

表 4-1　中国学生发展核心素养：全面发展的人

方面	核心	基本要点
文化基础	人文底蕴	人文积淀
		人文情怀
		审美情趣
	科学精神	理想思维
		批判质疑
		勇于探究
自主发展	学会学习	乐学善学
		勤于反思
		信息意识
	健康生活	珍爱生命
		健全人格
		自我管理
社会参与	责任担当	社会责任
		国家认可
		国际理解
	实践创新	劳动意识
		问题解决
		技术运用

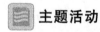 主题活动

主题活动一：电影《疯狂动物城》大讨论

一、活动设置

《疯狂动物城》讲述了小镇女青年朱迪前往大城市展开寻梦之旅，之后与看起来一点都不和谐的尼克组成搭档，并破获了一桩动物界大案的故事。影片中的主人公为了实现远大的理想付

出了巨大而长期的艰辛，是"仰望星空"与"脚踏实地"关系的绝佳注脚。同学们通过观看影片并展开讨论，能够深化对"仰望星空"与"脚踏实地"的理解。

二、活动过程

①观看电影《疯狂动物城》。

②讨论：朱迪为何能实现梦想？

三、活动总结

朱迪成功圆梦，最重要的原因在于她身处逆境之中，仍然不放弃希望，树立远大的志向，并且为了这个志向，从每一件小事做起，脚踏实地，持之以恒，最终实现了质的飞跃。

主题活动二： 自编自导自演小品《眼高手低》

一、活动设置

立志容易，达成不易。眼高手低是人群中特别是青年人中最常出现的一种失衡情形，它的结果就是一事无成。设置此活动，目的就是让大家明白"脚踏实地"对于"仰望星空"的重要性。

请同学们组队讨论（4～6人一组），每个人都想一想在学习生活中存在哪些眼高手低的现象，并以此编一个故事上台展示，表演形式和角色自定。

二、活动过程

①排练与表演小品《眼高手低》。

②观众谈观后感。

三、活动总结

唯有脚踏实地，才能将星空中璀璨的明珠最终攥在自己手中。我们在求学过程中，要努力增强自己的实力，做到眼高手不低，这样才能实现梦想。

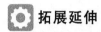 **拓展延伸**

拓展延伸：电影《中国合伙人》

剧情简介：成东青、孟晓骏和王阳三个年轻人在 20 世纪 80 年代到 21 世纪的大时代背景下，从学生年代相遇、相识，共同创办英语培训学校，最终实现了"中国式梦想"。

课后任务

①自我进行 SWOT 分析。

_____

_____

_____

②明确高考奋斗目标，写一份实现这个目标的计划表。

_____

_____

_____

③反思自己如何做到既能"仰望星空"又能"脚踏实地"。

_____

_____

_____

第五课

践行目标，梦想起航

 问题导入

目标对人生的影响

哈佛大学有一个关于目标对人生的影响的跟踪调查，对象是一群智力、学历等都差不多的年轻人。调查发现：27％的人没有目标，60％的人目标模糊，10％的人有比较清晰的短期目标，3％的人有十分清晰的长期目标。

25年的跟踪调查发现，那3％的人25年来几乎都不曾改变自己的人生目标，他们始终都朝着同一个方向不懈地努力，几乎都成了社会各界的成功人士，他们不乏白手创业者、行业领军人物等。

那10％的人大多生活比较富裕。他们的共同特点是，那些短期目标不断地被实现，生活质量稳步上升，他们成为各行各业不可缺少的专业人才，如医生、律师、工程师、高级主管等。

那60％的人能安稳地生活与工作，但都没有什么特别的成就。剩下的27％的人都过得很不如意，常常失业，靠社会救济，并且常常抱怨他人、抱怨社会。

你希望自己成为哪一种人？你的人生目标是什么呢？

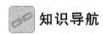 **知识导航**

核心知识点一： 梦想起航五部曲

梦想是深藏在人们内心强烈的渴望，是一种挥之不去的感觉和潜意识，也是人们走向成功的原动力。每个人都有自己的梦想，都有自己的渴望和追求。无论是什么样的梦想，每个人都想实现它、成就它。而梦想起航五部曲，正是引领我们造就梦想、成就未来的成功之道。

第一，要找到适合自己的梦想。认识自我，确定自己究竟想要什么。曾经有一位雄心勃勃的年轻人，梦想着发明一种可以溶解一切物质的万能溶液，但爱迪生问他，这种溶液被研制出来以后，你打算用什么容器来盛放它呢？显然，不基于事实的梦想，只能是自欺欺人，徒劳无果。

第二，静心研析，分解梦想。找到适合自己的梦想以后，就得静下心来研究和分析梦想、分解梦想，制订出一步步实现梦想的行之有效的计划方案和实施策略，这就会使自己的梦想显得并不遥不可及。一个人梦想的目标越明确，他实现自己梦想的概率就越大。

第三，自信＋努力，追逐梦想。只有心存一份"梦并不遥远"的自信，和敢于拼搏的勇气，才会拥有"梦想成真"的一天。我们在实现自己梦想的过程中，可能会遇到各种各样的挫折和困扰，但一定要坚持住，千万不要因为感到不可及而失去信心或停下追逐梦想的脚步。只有持之以恒，才能将铁棒磨成针。纵观人类历史，哪个成功者实现自己的梦想是信手拈来的？

第四，学习榜样，破解梦想。一般来说，我们拥有什么样的梦想，就应该努力寻找什么样的榜样，了解他们的成长经历和成就梦想的历程，选择、吸收、消化他们的成功经验，以此来铸造一把打开自己破解梦想之锁的钥匙，打开梦想成真之门。善于借鉴他人的成功经验，就是"站在巨人的肩膀上"，使自己看得更远，行动得更快。

第五，把握机遇，实现梦想。许多人的成功多源于灵感，许多人之所以不能实现梦想，是因为灵感到来时没有抓住机会。机会是转瞬即逝的，只有抓住了它，才可能实现梦想，但它只垂青于有梦想和有准备的人。英国科学家牛顿长期以来认为有一种神秘的力存在，但一直都不知道到底是怎样的一种力，直到有一天，当牛顿在花园的苹果树下思索，一个苹果落到他的脚边时，终于获得了灵感，以此发现了万有引力定律，实现了他多年来的梦想。

梦想如同玫瑰，对自卑者来说，他只会想到玫瑰带刺的可怕之处；对自信者来说，他会想到玫瑰郁香的可爱之处。只有不怕被刺伤手的人，才能真正手持玫瑰，才能真正懂得它的美丽和珍贵。但愿所有的人都能拥有玫瑰，都能梦想成真！

核心知识点二： 目标类型的划分

如果一个人没有目标，那么他的生活可能会很不如意；如果一个人的目标模糊，那么他可能会安稳地生活与工作，但没有什么特别的成就；如果一个人有清晰且长期的目标，那么他可能会是行业领军人物。

心理学家对人的目标进行了类型的划分，发现大体上存在两种类型。一种类型被称为学习目标。有学习目标的人更多关注自己的成长、自己的知识和能力是否得到了提高，或者说自己的生活体验是否获得了扩展。他们的满足感源于进步和学习，认为有价值的事是挑战有困难的任务。另一种类型被称为表现目标。有表现目标的人更想得到他人的好评和赞许，希望取得比他人更好的成绩。他们的满足感源于成为最好的那个，或是不那么努力就可以获得成功。

这两种类型的人在面对挑战时，他们的表现是不一样的。例如，现在要进行一个打靶任务，分别有远近不同的靶。1 号靶最近，几乎每个人都能打中；2 号靶稍远，大部分人能打中；3 号靶再远些，一半的人能打中；4 号靶更远，很少有人能打中；5 号靶最远，几乎没有人能打中。作为奖励，如果打中 1 号靶，你可以获得 20 元的奖励；如果打中 2 号靶，你可以获得 40 元的奖励；如果打中 3 号靶，你可以获得 80 元的奖励；如果打中 4 号靶，你可以获得 160 元的奖励；如果打中 5 号靶，你可以获得 320 元的奖励。现在请问你会选择哪个靶？

如果是有学习目标的人，可能会选择 3 号或者 4 号靶。成功了，有成就感；即便失败了，这样的目标也是大部分人不能实现的，经过练习可以使自己的技能得以提高。如果是有表现目标的人，则可能会倾向于选择 1 号或者 5 号靶。1 号靶可以确保成功，不至于他人会对自己有不好的评价。如果 5 号靶成功了，就能成为"英雄"；失败了，也不会丢面子。

真正的梦想，真正能帮助你成功的目标，会关注你的进步与成长。只有这样，你才有可能一步一步地在实现梦想的过程中让自己变得强大，最终梦想成真。

核心知识点三： 目标对人生的价值和意义

没有伟大的愿望，就没有伟大的天才。巴尔扎克的这句名言让我想到了目标对于一个人的重要性。伟大的人生是从树立清晰而明确的目标开始的。

一、目标的作用

如果一个人没有明确的目标，没有有意义的目标，他就很容易在人生中兜圈子，感到迷茫，觉得生活没乐趣。人生来就要克服困难、解决问题，从而实现目标。如果没有可供克服的阻碍，没有奋斗的目标，我们的人生可能就不会充实和快乐。说人生没价值的人，其实只是因为他们缺乏有价值的人生目标。

目标会给你一个清晰的、看得见的美好图景。它既是努力的方向，也是一种鞭策你努力奋斗的动力。伴随着总目标中一个又一个分解的小目标的实现，你的思维方式和行为方式也会渐渐改变，你会越来越快乐，心胸越来越宽广。

二、有什么样的目标，就有什么样的人生

世界上有很多人都对自己的生活境况不满意，其中一些人不明确自己喜欢的人生究竟是怎样的，对自己喜欢的世界和未来没有一幅清晰的图画，因此他们没有改善自己生活的目标，无法持续地用人生目标去鞭策自己。虽然他们总对自己的人生不满意，但是仍然只能生活在一个连自己都无意改变的世界里。

还有一类人，他们虽然明白自己在人生中应该做些什么事，但就是迟迟不行动，根本原因是缺乏一个能吸引自己的目标。遗憾的是，大多数人所追求的目标只是如何应付工作和每天的生活琐事，这样根本就谈不上人生目标了。

如果你期望潜能得以充分发挥，那么就订下一个切合实际的长远目标，相信你在向它挑战的过程中，会发现很多机会，感受到奋斗后目标实现的快乐，使你的人生攀上一个新台阶。

三、如何订立目标

盖房子时会有一个工程期限，同样的道理，订立目标时也

要有一个明确的时间期限，其实就是给梦想配上时间表。在订立目标时，要牢记以下四个重要的事项。

第一，写下你的目标。当你书写时，你的思维活动会自然地使目标在脑海中产生一种不可磨去的印象。

第二，目标要明确、具体。方法是先确定人生总的目标，包括职业目标和生活目标。职业目标包括事业目标、成长目标和财富目标；生活目标包括家庭目标、健康目标和休闲目标。无论哪种目标，都要制订长远的终极目标，分时间制订人生各个阶段的发展目标。阶段性目标可以变化，因为每个阶段人的认知水平和能力都不同。一个人所处的环境和个人经历决定了他的认知水平和状态。但是阶段性目标的方向和终极目标始终都要保持一致。

第三，树立更高的目标。不断给自己树立更高的目标，目标定得越高，你为实现这个目标所做的努力也就越多，更高的目标将激励人们更加奋斗。当然，目标也不能脱离实际，如果目标定得太高，当完全看不到实现目标的希望时，你也不会有动力继续前进，甚至会气馁和放弃目标。

第四，明确实现目标的时间。这一点的重要性在于激励你自己不断向目标迈进。

主题活动

主题活动一： 我的梦想树

一、活动设置

本活动通过画自己的梦想树，让同学了解自己的梦想，认

清自己真正的想法和自己想要的。活动前准备一张大的白纸和
不同颜色的笔。

二、活动过程

在纸上画出树的形状，尽量让树看起来高大且枝繁叶茂。
然后，在树的不同位置画上你梦想的花朵，根据梦想的难易程
度和对你的吸引力程度来决定梦想花朵的位置。例如，"出版一
本书"的梦想你可能较难实现，但如果非常想要实现，那么你可
以画在梦想树靠下的位置；而"星际旅行"既难实现，对你的吸
引力也不是那么大，那么你可以画在梦想树靠上的位置。你可
以在梦想树上挂满你的梦想。如果可以，用不同的颜色来表示
不同的梦想，尽量让你的梦想树开满鲜花、五彩缤纷。

请在下面的方框中画出你的梦想树。画完之后，可以和你
周围的同学分享你的梦想，并且注意倾听他人的梦想。总结在
这一过程中，你有什么收获。

三、活动总结

当有了梦想，你就有了努力的目标，就有了前进的方向和
动力，在为梦想坚持奋斗的过程中也会变得更开心。有句话说
得好："梦想还是要有的，万一实现了呢!"希望每位同学都拥有

自己的梦想，并且为之奋斗。

主题活动二："生命旅行"——梦想的雏形

一、活动设置

本活动通过轻松的掷骰子游戏，回答相应的问题，进而使自己的梦想逐渐清晰，对自我有进一步的了解。

二、活动过程

游戏规则：请小组代表先掷骰子，点数大者先走跳棋；每位同学走的步数取决于所掷点数的大小；每到一处便选择棋格内提出的问题题号对照"问题清单"（以①②……排列为序）做出相应的回答；每次回到起点的同学可以多一次选择的机会，然后重新开始。

第一，"我的未来"问题列举。

①一年后你会在哪里上大学？

②你最想读的大学是哪一所？你对考上这所大学有多大把握？

③大学毕业后有考研的打算吗？

④你想象中你的未来是怎样的？

⑤你是乘坐什么交通工具上班的？

⑥你在你的岗位上获得的成就感是怎样的？

⑦你和什么样的人一起共事？

⑧你工作的薪水是多少？

⑨在你艰难的时候，有人愿意和你一起奋斗吗？

⑩下班回家后你在家里是什么样子的？家里是冷冰冰的还是温馨的？

⑪你最想给父母的回报是什么？

第二，学生开始做游戏，10 分钟左右停止，小组内部交流答案。

第三，学生自愿分享自己对未来的设想。

三、活动总结

在人生的旅途中，梦想是最好的伙伴。如果说梦想是一棵常青树，那么，浇灌它的必定是心田的清泉；如果说梦想是一朵常开不败的鲜花，那么，照耀它的必定是心中升起的太阳。太阳与清泉，交相辉映，我们的生命也会因为有了梦想而变得更加精彩。

 拓展延伸

拓展延伸一： 勤奋的动力是兴趣加理想

我们看到许多科学家似乎都是在枯燥而烦琐的实验中度过的，而伴随他们的往往是兴奋与喜悦之情。这就是对科学的兴趣。

有许多在事业上很有成就的人，把自己的事业当作生命的一部分。有人戏称自己是"工作狂"，经常节假日不休息，不觉得苦，倒觉得是一种乐趣。当然，他们不仅仅是靠兴趣，其责任感与理想也是必不可少的。勤奋的动力是兴趣加理想。

兴趣靠理想支持，理想靠兴趣引路。做一个比喻：人们在山间漫步，兴趣使他们继续爬山。当爬到半山腰时，人们感觉腰酸腿疼就对爬山没有了兴趣，便下山了。有人怀着"欲穷千里目，更上一层楼"的信念，继续攀登，他们进入了一个新的境地。快到山顶的时候，悬崖峭壁使攀登者必须付出更多的体力与精力，又有人坚持不了了，剩下少数人坚守"无限风光在险峰"的理想，克服各种困难，终于到达山顶。这时，成功者轻松地说："攀登有无穷的乐趣。"其实只有他自己知道流下了多少汗水。这就是理想的力量。

许多有成就的人都是兴趣加理想的"发电机"式的人物。这里讲一个建筑设计师的故事。① 他叫孟繁华，热爱本职工作达到了高于一般人的境界。有一年，他在印尼巴厘岛的海滩上玩，可他的玩法不一样。他观察在这里度假的人在海滩上怎样娱乐，如怎样晒太阳。他发现，许多人换上短装，就是来专门晒太阳的，并不像我们那样，到海滩主要是为了游泳。后来他在设计一个酒店的游泳池时，就考虑到了外国人的不同娱乐需求，使游泳池具有室内、室外和介于两者之间的三种空间式样。相对于那些只有一种老模式的游泳池设计，他的设计毫无争议地赢得了好评。

他用心灵的眼睛从有形看到无形。在他所到之处，无论是酒店、餐厅、办公室，还是球场、歌厅，他都能发现一切表象背后的文化差异与艺术内涵。他看电影也与别人不同。一般人看电影注重故事情节，他看到的还有文化背景、宗教观念、生活方式、民俗习惯、建筑装修等。好像世界上所有的一切都是为他的建筑设计服务的，给他一种示意，帮助他积累多元化的思路，激发他的创作灵感。在赞扬声的背后，是他日日夜夜苦熬的带着血丝的眼睛，是失败的沉重和强挺的腰杆。他在任何

---

① 贺评：《学会做人——中学生成功的 8 堂必修课》，北京，北京出版社，2006。

情况下都不会被轻易打倒，因为他有理想和信念。

永远的目标、永远的兴趣，造就了永远向前的人。

拓展延伸二： 目标管理和设定的 SMART 原则

有一个目标管理和设定的黄金法则，被称为 SMART 原则，其所代表的含义如下。

S(specific)——目标要清晰和明确。

M(measurable)——目标是可以被衡量和评估的。

A(attainable)——具体的目标是可达到的。

R(realistic)——目标要具有现实性。

T(time-based)——目标要具有一定的时限。

SMART 原则不仅可以作为你设定中短期目标的原则，而且在你以后的学业和工作中也适用，它可以帮助你不断调整和完善目标。最重要的是，只有你不曾忘记你最想要去的地方，只有你在前进的路上，才能到达梦想的彼岸。

参考下面的流程使用倒推法尝试去设定你的近期目标，写在下面的方框中，并跟同学们一起运用 SMART 原则来评估设定的目标是否合理、可行。

长期目标 我的长期目标是什么？

10 年目标 基于长期目标，未来 10 年最重要的一件事是什么？

年目标 基于 10 年目标，本年最重要的一件事是什么？

月目标 基于年目标，本月最重要的一件事是什么？

周目标 基于月目标，本周最重要的一件事是什么？

日目标 基于周目标，今天最重要的一件事是什么？

课后任务

如果你的梦想清单列得还不够清晰，或者你还不知道自己想成为什么样的人，建议你在课后继续思考，可以通过实现一个个小目标，进而实现自己的梦想。

首先，列出设定目标的理由。成功者在设定目标的同时，也会找出设定这些目标的理由来说服自己。当一个人十分清楚地知道实现目标将带来的快乐，以及不实现目标将带来的痛苦时，他会产生动力来推动自己去实现目标。

其次，制订计划。例如，设定好目标，即你想考上的理想大学；列出高一时要达到的水平；每个月要达到的水平及每天应该做的事情。设下时限规范我们的行动，将使我们有效地集中资源，明确自己在不同的时间达到什么阶段。记住！成功是由无数个小成功积累而来的。我们还要自问，假如要实现目标的话，我们必须成为什么样的人，并将答案在纸上详细写下来。

很多人想成功，却不清楚成功者所具备的条件。我们可以找出所有成功者所具备的条件，让自己不要迷茫。马上采取行动，复制成功者的智慧，让目标具体化，使行动过程明确。做出承诺，马上采取行动，从现在开始直到实现目标为止，不放弃。评估每天的进度，检查每天的结果，随时检讨。

我们可以把目标写在纸上，尽量具体化。如果你想考上哪所大学，可以把那个大学校园的图片贴在右上方看得到的位置，每天早晚利用 10 分钟的时间，想象自己去这所学校的感觉，并不断暗示自己与这所大学有关系的所有情况，这样会使我们更快地实现愿望。

现在，我们用心写下我们的行动承诺，请务必切实执行！

①请设定一个你最想要实现的目标，并列出 5 条实现这个目标的理由。

②请写下实现目标有哪些好处，以及不实现目标有哪些坏处。

③请列出你愿意做哪些事情，以得到你所期望的结果。

④做出承诺：我一定要马上行动，决不放弃，直到实现目标为止！

根据以上要求，回答以下问题。

①你想要实现目标的理由是什么？

_____

_____

_____

_____

_____

②要想实现你的目标，你应成为怎样的人？

_____

_____

_____

_____

③你将做出的行动是什么？

_____

_____

_____

_____

第六课

面对挫折，迎接挑战

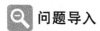 **问题导入**

筷子接力

以小组为单位，每小组派 4 位同学展开比赛。每小组参赛选手排成纵队，每人间隔 1.5 米，由 1 位同学用一根手指顶起一根竹筷，快步走向接力的同学，进行筷子接力。如果途中筷子掉落或用另一只手帮忙，则要退回原位，重新接力。

你所在的小组获胜了吗？在接力过程中，当你就要把筷子传递给下一位同学，却因为不慎掉落，不得不退回原位重新开始时，你有怎样的感受？

 知识导航

核心知识点一： 什么是挫折

挫折，是指人们在有目的的活动中，遇到无法克服或自以为无法克服的障碍或干扰，使其需要或动机不能得到满足时产生的障碍。挫折在社会心理学上是指个体在有目的的活动过程中遇到障碍或受到干扰时产生的心理状态，表现为失望、痛苦、沮丧、不安等。挫折可使意志薄弱者消极、妥协；也可使意志坚强者接受教训，在逆境中奋起。

挫折会使个体产生负面情绪，因而在遭受挫折之后，首先要面对和解决的是如何从挫折引起的诸如愤怒、沮丧、抑郁、焦虑、委屈、无奈等情绪中走出来。挫折对于不同的人来说有着截然不同的意义，它或是你完美人生的点缀，或是你人生中永远的伤痛，或是你成功的垫脚石，或是你前进的绊脚石，这完全取决于你对待挫折的态度，即对挫折的认识和应对方式。我们应该学会从不同的角度看待挫折对于人生的意义，能够在挫折中吸取教训的同时看到挫折背后所蕴含的积极意义。经受过挫折的人能够勇敢地迎接挑战。在成长的过程中时常经历挫折的人，经过多年的磨炼，会具备一种在逆境中生存的强大能力。无论遇到怎样的困难，他们都不会像茅草屋遇到暴风雨时那样容易被摧垮；在困难像飓风一样袭来时，也能够巍然屹立、毫不动摇。

核心知识点二： 遇到挫折后可能产生的反应

遇到挫折后可能产生的反应有以下几种。

攻击。受挫后将愤怒的情绪直接发泄到造成其挫折的人或物上。对他人斥责、谩骂，甚至拳脚相加，毁损物品，给人以暴躁的印象。

焦虑。它是指一种不自主地与某种茫然的担忧与恐惧相联系的情绪状态。表现为缺乏自信、情绪不稳定、急躁、易怒、易陷入不安的状态中，同时生理上可出现冒汗、心悸、头昏、头痛、胸闷、惊梦、失眠等症状。长期处于这种状态会导致冠心病等疾病。

冷漠。对引起挫折的对象无法攻击，又没有找到适当的替代者，只好将愤怒的情绪强压下去，失去了正常的喜怒哀乐。

转移。把挫折后的不良情绪发泄到替代者身上。例如，丈夫在外受气，回家对妻子发脾气，妻子又对孩子发脾气，以此求得心理平衡。在某些情况下，发泄对象会转向自己。

否认。不承认或不相信已发生的痛苦和不快，以逃避心理上的痛苦，减轻心理负担。例如，癌症病人否认自己得病，不相信亲人的意外死亡等。

合理化。当所追求的目标无法实现时，给自己找一些理由。例如，对现有的工作不满意，但又无法调动，只好以现有的工作能够带来的好处来安慰自己，以此来减轻内心的失望。

隔离。把不愿接受的事实从意识中加以隔离，以免引起精神上的不愉快。

反向。把对某一对象的攻击性情绪压抑到潜意识里，而以完全相反的面目出现。例如，对自己憎恨的人表现得非常温和、过分热情。

退化。一些成人在遇到挫折不能承受时，就像小孩一样哭闹。

升华。坚信所从事的事业的正义性、真理性，不畏挫折。此外，原本的欲望不能直接表现出来，从而将欲望引向崇高的方向。例如，一个嫉妒心很强的人，见不得别人取得成就，但理智又不允许他将这种心理表现出来，于是他就勤奋学习、工作，试图超过对手。这对于社会和个体都有积极意义。

核心知识点三： 如何积极应对挫折

孟子曾经这样告诫我们，"故天将降大任于是人也，必先苦其心志，劳其筋骨，饿其体肤，空乏其身，行拂乱其所为，所以动心忍性，曾益其所不能"。遭受宫刑的司马迁面对惨淡的人生时，选择了忍辱负重，用血和泪凝聚成的"史家之绝唱，无韵之离骚"——《史记》，光耀千古。勾践虽然蒙受着被俘的巨大耻辱，但他毅然选择负重前行。他没有止住自己重振越国的脚步，承受着生命不能承受之重，卧薪尝胆，终灭夫差，洗尽耻辱。古今中外，帝王将相，凡能成大事者都难免会遭受挫折。

面对生活中的挫折，我们应该采取怎样的方式呢？

第一，改变认识，柳暗花明。将挫折看作一种有益的反馈，分析是什么原因导致的挫折，并在以后的生活中尽量避免犯同样的错误。

第二，遇到挫折后产生悲伤、焦虑、紧张等负面情绪都是正常的反应，可以适当发泄负面情绪。例如，通过找家人、朋友倾诉，运动健身等方式宣泄情绪。

第三，自信乐观。人生不如意之事十之八九，遇到挫折和处于低谷时，自信和乐观尤为重要，切不可自暴自弃。记住一句话，"天生我材必有用"。

第四，学会将大目标分解成小目标，通过一步步努力实现小目标而获得积极的、正向的反馈，增强自信的同时也能慢慢向大目标靠近。

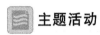 **主题活动**

主题活动一： 聊聊"挫折"

小组间交流高中阶段遇到的挫折，分享自己当时应对挫折的方式。汇总后，填写课堂活动单，每组派代表发言。

聊聊"挫折"

我遇到的挫折有：

我的应对方式是：

主题活动二： 面对挫折， 积极应对

有一个父亲不务正业，一次酒后失手打死了人，进了监狱。他的两个儿子还年幼，只相差一岁。成年后，一个儿子一事无成，也嗜酒，也在一次酒后失手打死了人，进了监狱，他说："因为我有这样的父亲。"另一个儿子不嗜烟酒，努力读书，成为一个企业的经理，有美满的家庭，他也说："因为我有这样的父亲。"

上面的故事给你怎样的启发？与本组同学讨论，找出这个故事具有积极性、能促进自己成长的一面，再谈谈可以怎样运用

这一点变不利为有利，然后共同完成课堂活动单。

战胜挫折

挫折事件：

它对我的促进作用是：

为此，我要做的是：

活动小结：每组派代表分享体会，总结活动中的收获。

⚙ 拓展延伸

拓展延伸一：　潜能故事①

　　福勒是美国路易斯安那州一个黑人佃农家的孩子，5 岁时就开始劳动，9 岁之前就以赶骡子为生。这并不是什么特殊的事，大多数佃农的孩子都是很早就参加劳动的，但福勒与他的朋友

———————————

　　① 　春霞：《不懈挖掘自己的潜能——就能够做好你想做的一切》，载《商业会计（下半月）》，2007(1)。

有一点不同，他有一位不平常的母亲。他的母亲不肯接受这种
仅能糊口的生活，因此时常同他谈论她的梦想："福勒，我们的
贫穷不是天生的，而是因为你的父亲从来就没有过要致富的愿
望，而他的父亲也没有过要致富的愿望，我们家庭中的任何人
都没有过要致富的愿望。没有人有过要致富的愿望。"母亲的话
在福勒的心灵深处留下了深深的烙印，以致改变了他的一生。
他决定把经商作为生财的一条捷径，最后定下来经营肥皂。多
年之后，他获得了多家公司的控制权。当人们要他谈谈自己的
成功奥秘时，他用母亲在多年前所说的话回答道："假如你知道
自己需要什么，那么当你看见它的时候，就会很容易地认识到
它。例如，当你读书时，你将认识到一些良机帮助你获得所需
要的东西。"福勒的成功告诉我们生活的最大秘密，即人与人的
区别在于思维观念的不同。事实上，只有不懈地挖掘自己的潜
能，你才能做好你想做的一切。

拓展延伸二： 名人故事

斯蒂芬·威廉·霍金，英国物理学家、宇宙学家及作家，
生前任职剑桥大学理论宇宙学中心研究主任，20 世纪最伟大的
物理学家之一。他在科学上有许多贡献，是第一个提出由广义
相对论和量子力学联合解释的宇宙论理论之人，是量子力学的
多世界诠释的积极支持者。

霍金的学术生涯并非一帆风顺。他在剑桥大学作为博士生
的第一年遇到了很多困难。他发现被指派的指导老师丹尼斯·
夏玛（现代宇宙论的创始人之一）对学生很热诚，也乐意花时间
与学生讨论，把学生的需要放在优先位置，但是他当时只是一
名讲师，在学术界的名气不高，而霍金很想成为约克郡天文学

家弗雷德·霍伊尔的学生，因此学院的指派让他感到很失望。此外，他还发现自己的数学知识水平难以应付广义相对论与宇宙学的计算工作。在被诊断患上肌萎缩侧索硬化症后，虽然医生建议霍金继续学业，但他很抑郁，觉得继续攻读博士已经没有任何意义了。霍金的病情恶化程度逐渐趋缓，尽管他走路需要依靠拐杖，说话也让人难以听懂，但是医生对他只能活两年的初步诊断毫无根据，距离完全失去运动能力似乎尚远。在夏玛的鼓励下，霍金重拾已放弃的学业。

在那个时期，物理学界关于宇宙初始有两种主流理论：大爆炸理论与稳恒态理论。20 世纪 60 年代，稳恒态理论的预测被发现与天文观测结果不符。例如，通过数算分布于宇宙的无线电波源，无线电天文学大师马丁·赖尔于 1962 年发现，宇宙似乎不像稳恒态理论所预测的那么均匀。霍伊尔与他的学生为此修改稳恒态理论来弥补差别。霍金发现他们的结果有瑕疵，因此发表论文修正他们的论述。霍金认为稳恒态理论的未来可能相当坎坷，他决定不再将他的博士论文专注于研究稳恒态理论。霍金在一次演讲中公开挑战弗雷德·霍伊尔与他的学生贾扬特·纳里卡的研究。1965 年，贝尔实验室的阿诺·彭齐亚斯和罗伯特·威尔逊测量到宇宙背景辐射，这彻底摧毁了稳恒态理论。

罗杰·彭罗斯于 1965 年提出黑洞中心的时空奇点的理论，霍金因此受到启发，把同样的想法应用于整个宇宙中，并且逆转时间方向，他把这个论题作为他所撰写的博士论文《宇宙膨胀的性质》的研讨题目。1966 年，他获得了冈维尔与凯斯学院研究生奖学金。同年被授予应用数学和理论物理学博士学位，专攻广义相对论和宇宙学，而他的论文《奇点与时空几何》与彭罗斯的论文共同赢得该年的亚当斯奖。夏玛骄傲地表示，霍金的学术成就可与牛顿相提并论。

课后任务

　　回忆自己遇到的最大挫折以及应对挫折的方式，转述给 5 位朋友，倾听对方的建议，并结合本课所学内容，思考自己以前采用的应对方式的不足。

　　_____

　　_____

　　_____

　　_____

第七课

积极倾听，有效沟通

 问题导入

秀才买柴

有一个秀才去买柴，他对卖柴的人说："荷薪者过来!"卖柴的人听不懂"荷薪者"（担柴的人）三个字，但是听得懂"过来"两个字，于是把柴担到秀才前面。

秀才问他："其价如何?"卖柴的人听不太懂这句话，但是听得懂"价"这个字，于是就告诉秀才价钱。秀才接着说："外实而内虚，烟多而焰少，请损之。"（你的木材外表是干的，里头却是湿的，燃烧起来浓烟多而火焰小，请减些价钱吧。）卖柴的人因为听不懂秀才的话，于是担着柴就走了。

读完这个故事，你获得了什么启发呢?

 知识导航

核心知识点一： 什么是沟通

沟通是人与人之间、人与群体之间思想与感情的传递和反

馈的过程。沟通是人们分享信息、思想和情感的过程。这种过程不仅包括口头语言和书面语言，而且包括形体语言、个人的行事方式。沟通的模式有两种：口头语言和书面语言的沟通及肢体语言的沟通。

一、口头语言和书面语言的沟通

语言是人类特有的一种非常好的、有效的沟通方式。口头语言包括我们面对面的谈话、开会等。书面语言包括我们的书信以及 E-mail 等。在沟通过程中，相比于思想的传递和情感的传递，语言的沟通更擅长信息的传递。

二、肢体语言的沟通

肢体语言包含的内容非常丰富，包括动作、表情、眼神等。实际上，我们的声音也包含非常丰富的肢体语言。我们在说每一句话的时候，用什么样的语气去说等，这都涉及肢体语言。口头语言和书面语言更擅长沟通的是信息，肢体语言更擅长沟通的是人与人之间的思想和情感。

三、糟糕的沟通模式

糟糕的沟通模式包括以下几种。

①发表涉及种族歧视的言论。

②讲低俗的笑话。

③哭泣。

④听起来缺乏教养。

⑤咒骂。

⑥打情骂俏。

⑦抓耳挠腮。

⑧躲避眼神的接触。

⑨语无伦次。

⑩笑声太多和大声说话。

核心知识点二： 为什么沟通需要技巧

沟通对人的生存来说是很重要的，话谁都会说，但如何把话说得有艺术，如何跟他人进行很好的沟通，建立良好的人际关系，并不是每个人都能做好的。想要更好地与人沟通，就需要学习一些沟通技巧。

沟通技巧，是指人利用文字、语言与肢体语言等手段与他人进行交流使用的技巧。沟通技巧涉及许多方面，如简化语言、积极倾听、重视反馈、控制情绪等。虽然拥有沟通技巧并不意味着一定成为一个有效的管理者，但缺乏沟通技能会使管理者遇到许多麻烦和障碍。

良好的沟通应避免的错误有以下几种。

①没有正确地阐述信息。

②给人以错误的印象。

③没有恰当地倾听。

沟通涉及各式各样的活动，如交谈、劝说、教授及谈判等。要在这些活动中游刃有余，理解何谓沟通，并培养高效沟通所需的技巧，这是十分重要的。

核心知识点三： 倾听在沟通中的重要性

倾听，属于有效沟通的必要部分，以求思想达成一致和感情的通畅。倾听不是简单地用耳朵来听，它是一门艺术。倾听不仅是用耳朵来倾听说话者，而且需要一个人全身心地去感受对方在谈话过程中表达的言语信息和非言语信息。狭义的倾听是指凭借听觉器官接收言语信息，进而通过思维活动达到认知、理解的全过程；广义的倾听包括文字交流等方式。倾听的主体是倾听者，而倾诉的主体是诉说者。倾听和倾诉有缓解矛盾、宣泄情感等作用。

一、倾听的要点

①克服自我中心：不要总是谈论自己。

②克服自以为是：不要总想着占主导地位。

③尊重对方：不要打断对话，要让对方把话说完。

④不要激动：不要匆忙下结论，不要急于评价对方的观点，不要急切地表达建议，不要因为与对方有不同的见解而产生激烈的争执。

⑤尽量不要边听边琢磨他人下面将会说什么。

⑥问问自己是不是有偏见，因为它会很容易影响你的倾听效果。

⑦不要使你的思维跳跃得比说话者还快，不要试图猜测对方还没有说出来的意思。

⑧注重一些细节：不要做小动作，不要走神，不必介意别人讲话的特点。

二、倾听的技巧

①你必须充分认识到提高这方面技巧的必要性，并且很想改进它。

②当你很难弄懂对方的表达意图时，要问："你为什么要告诉我这些？"

③要对"红牌"词语加以警惕。这些词语可能会引发对方的过激反应，或造成偏见。

④如果你发现自己走神了，当你回过神来时，你无法接上

对方的话，那么就注意一下关键词和使用最多的词。

⑤要尽量找一个不受干扰的地方交谈，如果周围有太多容易令你分心的事，就会影响你集中精力，从而使得你很难接上你的思维链条。

三、倾听的禁忌

①对谈话内容漠不关心。

②只听内容，忽略感觉。

③无故打断对方的谈话。

主题活动

主题活动一："你说我听"角色扮演

游戏规则：分发给两个人两个信封，信封上面分别写有"A收""B收"，要求两个人在打开信封之前，首先协商谁扮演A、谁扮演B；然后两个人分别打开相应的信封，按照信中的任务要求去做，不告诉对方任务的内容。

（A的任务：请你认真地给同桌讲一讲你周末的经历或你最开心的一件事，或小学和初中生活的不同，也可以谈谈你的理想，时间不少于一分钟，不多于一分半钟。B的任务：对方的任务是给你讲一件事情。要求你在听的时候不认真听，或东张西望，或收拾东西，或做出其他动作；还可以打断他的话，突然转到其他话题上。但是做这些的时候，请你稍微自然一些，等对方开始讲之后再开始做。不要让对方觉察到你是故意这么做的。）

游戏分享：请拿到A的任务的同学说说在刚才的活动中发

生了哪些事情，你有何感受。

总结：从刚才的游戏中，当我们讲话时，如果对方做出一些表明他们没有认真听的言行举止，我们会感到不舒服，感到对方不尊重我们，甚至有些同学都不愿意再说下去了。倾听不仅可以让我们获得信息，而且是一种礼貌，表示对说话者的尊重。

主题活动二： 小组合作

①发给每小组一张表格，以小组为单位，合作完成表格（每小组完成表格中一行的内容填写）。内容填写要尽可能全面、详细。

②小组填完表格之后，请小组代表发言。发言后，小组代表把发言内容填写到黑板相应的表格中。一个小组发完言后，其他小组同学可以针对本小组填写的内容做补充（见表7-1）。

表7-1　不良的倾听行为和良好的倾听行为

分类	不良的倾听行为	良好的倾听行为
眼神	看别的地方，目光呆滞，无神，东张西望	保持适当的目光接触
表情	严肃，冷漠，皱眉，过度的情绪反应	适当的微笑，肯定的点头，配合说话内容的表情
动作	身体背向说话者，双手交叉放在胸前，坐在椅子上身体后仰，转笔，伸懒腰，做其他事情	身体面向说话者，做出适当的安抚行为，不做其他事情
言语	打断别人的话，装腔作势，声音太大或太小，窃窃私语，不给予回应等	适当的语调，适当的音量，听别人讲完再说

③总结。通过交流，我们了解了哪些是不良的倾听行为，哪些是良好的倾听行为。

提示：可以从眼神、表情、动作及言语四个方面更详细地认识什么是不良的倾听行为和良好的倾听行为。

主题活动三： 体验倾听

①请一位同学担任朗读者，大声朗读一篇文章。（从报纸或杂志上摘录一则有 2～3 段长的故事，不进行任何介绍，很漫不经心地向学生提起："也许你们中的很多人几天前已经看到了这则报道。"）

②结束后，教师拿出一个精致的奖品，说："好，针对刚才大家都听到的报道，我要提出几个问题。谁能全部答对，谁就能赢得奖品。"

③提 5～8 个问题（例如，报道中涉及的名字、日期、地点等）。

④几乎没有一位同学能全部答对。

⑤分享：既然大家都听到了这个故事，为什么很少有人能记得清楚？为什么我们会听不清楚呢？如果老师一开始就告诉大家如果仔细听就有机会赢得礼品，你们会不会听得更认真一些？那如果没有奖品刺激时，我们应该如何更好地倾听，怎样才能提高自己的倾听技巧呢？

⑥总结：第一，人们听了却记不住的原因有不感兴趣、没有目的、没有事前激励；第二，做一个良好的倾听者，找到兴趣所在，对内容进行判断，而不是简单记忆，先不要匆忙进行评价，边听边想，主动倾听，少分心，训练思维，打开思路，加快思考速度等。

设计意图：这次主题活动意在使同学们感受到懂得倾听不仅是对别人的尊敬，更是一种让生活变得更加和谐的技巧。

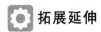 **拓展延伸**

拓展延伸一： 哲理故事——善于倾听

曾经有个小国的人进贡了三个一模一样的金人，把皇帝高兴坏了。可是这小国的人不厚道，给出了一道难题：这三个金人哪个最有价值？皇帝想了许多办法，请来工匠检查，称重量，看做工，都是一样的。怎么办？使者还等着回去汇报。泱泱大国，不会连这个都不懂吧？

最后，有一位退位的老臣说他有办法。皇帝将使者请到大殿，老臣胸有成竹地拿着三根稻草分别插入金人的耳朵里：第一根稻草从第一个金人的另一个耳朵出来了；第二根稻草从第二个金人的嘴巴里直接掉出来了；第三根稻草掉进了第三个金人的肚子里，什么响动也没有。老臣说："第三个金人最有价值！"使者默默无语，答案正确。

这个故事告诉我们，最有价值的人，不一定是最能说的人。人生而有两只耳朵一张嘴巴，本来就是让我们多听少说的。善于倾听，才是成熟的人最基本的素质。

拓展延伸二： 关于倾听的名言

耳朵是通向心灵的路。——伏尔泰

兼听则明，偏信则暗。——魏徵

倾听的耳朵是虔诚的，倾听的心灵是敏感的。有了倾听的

耳朵和愿意倾听的心，你才会拥有忠实的朋友。——佚名

倾听着年轻姑娘的歌声，老人的心也变得年轻。——普希金

人在年轻的时候应该浪迹天涯，用心身去领略异国的风土人情，去倾听子夜的钟乐。——斯蒂文森

所谓的"耳聪"，也就是"倾听"的意思。——艾默生

学会倾听是你人生的必修课；学会倾听你才能去伪存真。——佚名

课后任务

升华活动：自我评价

①从倾听的外在行为表现来看，你是不是一个好的倾听者呢？请你对自己平时的行为做出评价。

_____

_____

_____

_____

②请几位小伙伴谈谈对自己的评价。

_____

_____

_____

_____

③总结：善于反思，进行总结，这是一种良好的习惯。通过学习，发现自己的不足，这样才会使自己有进一步成长和发展的机会。但任何行为的改变都不是一蹴而就的，需要我们不断有意识地加以练习。

今天我们学习了这些倾听技巧，同学们需要在平时练习。希望同学们都能成为有价值的人！

第八课

创新竞争，合作共赢

 问题导入

从智慧故事中看竞争

每天当太阳升起的时候，非洲大草原上的动物们就开始奔跑了。狮子妈妈在教育自己的孩子："孩子，你必须跑得再快一点，再快一点，你要是跑不过最慢的羚羊，你就会活活地被饿死。"在草原的另一边，羚羊妈妈也在教育自己的孩子："孩子，你必须跑得再快一点，再快一点，如果你不能比跑得最快的狮子还要快，那你就会被它们吃掉。"

从前，日本渔民出海捕抓鳗鱼，因为船小，回到岸边时鳗鱼几乎都死光了。但是，有一个渔民，他船上的装备和别人完全一样，可他的鱼都是活蹦乱跳的。他的鱼卖的价钱高过别人一倍。没过几年，这个渔民就成了远近闻名的大富翁。直到身染重病不能出海捕鱼了，这个渔民才把这个秘密（在盛鳗鱼的船舱里放进一些鲇鱼）告诉他的儿子。鳗鱼和鲇鱼生性好咬好斗，为了对付鲇鱼的攻击，鳗鱼也被迫竭力反击。在战斗的状态中，鳗鱼生的本能被激发出来，所以就活了下来。

厂里的工人总是不能达到生产指标。作为管理者的斯瓦伯

这天来到厂里，正巧日班工人准备下班。他问日班工人："你们这班今天做了几个单位？""6个。"斯瓦伯在地板上用粉笔写了一个大大的"6"字，便一言未发地走开了。当夜班工人进来时，他们看见这个"6"字，好奇地问是什么意思。"公司老总今天来这里了，"日班的人说，"他问我们做了几个单位，我们告诉他6个，他就在地板上写下了这个'6'字。"次日早晨，斯瓦伯又来到厂里，夜班工人已经将"6"字擦去，改成了一个大大的"7"字。日班工人看见后，想要给夜班工人一点"颜色"。他们抓紧工作，提高效率，下班前，留下了一个大大的"10"字。不久，这个一度生产落后的厂迅速发展起来。

竞争是一种挑战，能激发力量，激励人们做到最好。只有在竞争中，生命才会充满生机和希望。

讨论

请每个人谈谈竞争会带来什么，并说明理由。例如，竞争会带来成功、机遇、压力、战争等。

狼群的启示

一队狼群在荒凉的雪地上奔跑，它们已经好几天没有吃到食物了。猎物就在前面，狼群拼命地追赶，终于，一只狼扑向猎物，就在这一瞬间，后面的狼也赶到了，一起把猎物咬死了。这时，分享猎物的行动开始了，首先是最强壮的狼，即咬死猎物的狼先吃，其次是强壮的狼吃，最后才是体弱的狼吃。如果食物不够，体弱的狼就吃不上食物。一吃完，狼群又开始奔跑起来，向下一个猎物追去。狼群就这样不停地奔跑，跑过漫长的冬季。它们总是把尾巴夹得紧紧的，很少相互争斗。狼群的目标始终是前方的猎物。狼群因为其独特的习性，一直繁衍不息，成为最具生命力的动物群体。

俗话说："一个篱笆三个桩，一个好汉三个帮。""独行行不远，单干干不长。"透视狼群，它们给我们带来的启示是：自立与合群，是人生进取与事业成功的机制。在竞争与合作中，我们要发展自立与合群的能力。因此，在人生征途中，我们首先要自立竞争，成为一匹强壮的"狼"；其次要合群协作，与其他"狼"组成一支强大的"狼群"团队。一堆沙子是松散的，可是它和水泥、石子、水混合以后，就会很坚硬。

讨论

如何与人合作才容易取得成功？你有什么建议？谈谈你的成功经验。

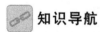 **知识导航**

核心知识点一： 竞争具有二重性

竞争能够激发人的潜能，提高工作与学习的积极性，同时也容易使人产生嫉妒心理、过大的压力感等。要想做到从竞争中成长，就需要学习一些技巧。要想在竞争中获得进步，我们需要做到以下几点。

①竞争者之间坦诚相待。

②与竞争者相互交流，相互学习。

③避免使用不正当手段损害他人的利益。

竞争有两种：一种是相互促进的良性竞争，有的人看到对手比自己跑得快了，想的是你快我更要赶超你；另一种是相互阻碍的恶性竞争，有的人看到对手快了，想方设法绊倒对方，然后扭成一团，直到把对手折腾得不能动。通过损害他人的利益、贬低他人来实现打垮对方的目的，这种恶性竞争的最终结果可能会导致关系决裂、竞争加剧或两败俱伤。例如，在政治舞台上，为谋取更大利益，伤敌一千自损八百的事例屡见不鲜。资本家为了追求成功，在商业活动中不择手段地进行竞争。在个人领域，急功近利的思想可以让许多人在竞争中牺牲他们的人格、婚姻和幸福，以换取成功。比如一些直播从业者为了脱颖而出，获得人气，争取更高的流量，做出一些伤害自己的行为，又或做出违规违法的行为，最终自食恶果。

正如习近平曾在讲话中提出："着力增强自身竞争能力、开放监管能力、风险防控能力，炼就金刚不坏之身。"竞争是一把双刃剑，我们生活在一个充满竞争的时代，要学会面对竞争，发挥竞争的积极意义。在生活中炼就自己的金刚不坏之身，赢得自己人生的主动权。

核心知识点二： 良性竞争促进步

我们知道了竞争具有二重性，为了避免恶性竞争，我们应该做到以下几点。

①以不伤害他人为前提。诋毁他人，损害他人的利益，只会让竞争变成恶性的，竞争者无法从中有所收获。稀土是一种珍贵的资源，是现代工业中不可或缺的"调味剂"。我国是稀土大国，理应在稀土行业受益，但现实是，中国稀土没卖出"稀"的价格，只卖出了"土"的价格。而这种现象正是我国稀土行业内部的恶性竞争，竞相压价导致的，使得这种宝贵的资源以极其低廉的价格流入他国。

②以提高自身综合素养为原则。美国作家福克纳指出："在

竞争中，你应该在乎的是你要比之前的你强。"如果竞争不是为了提高自身综合素质，而是单纯为了胜利去阻碍别人，那么一旦当前竞争结束，新竞争来临，你就会陷入原地踏步的尴尬局面。竞争是为了给自身带来进步，只有从竞争中收获更好的自己，这样的竞争才有意义。

③具有合作共赢的意识。竞争不排斥合作，从某种意义上说，合作就是竞争。改革开放的历史便是最好的案例。自改革开放以来，中国积极与世界各国进行合作，也被卷入了全球的激烈竞争中。其中有许多困难，但中国人民都一步一步跨了过去，如今取得了举世瞩目的成就，人民生活水平得到了极大的提升。这就是合作共赢带来的结果，良性竞争与合作并存。

④要有不屈不挠的精神。传媒大亨默多克曾说，退缩是软弱的表现，在面对狂风暴雨时必须屹然不动，积极面对竞争。正如老一辈的科学家们，在国家经济一穷二白、科学技术几乎空白的情况下，为了祖国的和平与安定，迎难而上，独立进行研究。在戈壁滩恶劣的自然条件和技术条件下，依靠自己的力量，突破了少数国家核垄断的局面，带领中国在世界竞争中取得了举世瞩目的成就。

当我们能做到以上几点时，就能充分利用良性竞争，促使我们在竞争中获得进步。其实在生活中，也存在许多恶性竞争的不良影响。例如，在智能手机应用程序上各大平台存在的"链接屏蔽"现象，导致形成一系列"堵点"。平台之间的互联互通无疑对各方都有好处。在开放互通的良性竞争下，平台不仅能进一步充实平台生态系统，而且能增加流量数据的多样性和质量。对于用户来说，平台开放互通的良性竞争，为数据共享和传达信息带来了便利。同学们，现在感受到良性竞争的重要性了吗？

核心知识点三： 学会合作共赢

与人合作是时代的需要，在人类的发展史中相互依存、相互合作是永恒的，也正因为如此，人类才能获得如此辉煌的文明成就。因此，我们要学会共处合作，而以下几点是学会合作的关键。

①发挥自身优势，扬长避短。正如李白在《将进酒》里写的："天生我材必有用。"要先对自己有清晰的认知，明白自身的独特性。然后再寻找合适的团队，并发挥自己的价值，让团队变得更好。就好比一支篮球队，有的人擅长得分，有的人擅长防御，有的人擅长运球突破，有的人擅长控制局面、辅助队友。每个人在团队的作用不尽相同，但都不可或缺。

②客观评价他人，学会肯定与欣赏。"三人行，必有我师焉。"在团队里，客观评价他人和学习别人的长处，有利于团队协作，有助于自身的完善发展。

③明确目标和分工，同担责任，协作完成。在社会高度发展的今天，任何一项有难度的工作都不可能由一个人单独完成，因此需要将大工程分为一个个小问题，然后将一个个小问题分配给团队里的专业人士，从而达到"术业有专攻"的效果，最终共同完成大工程。

④我为人人，人人为我。不要问别人能为我做什么，而要问我能为别人做什么。在自然科学领域内，有一条能量守恒和转换定律，将其引申到人际关系中，虽然未必十分贴切，但也告诉我们，在与人相处的过程中，人际的情感和利益转换也有一种相对的平衡。如果只是一味地索取，没有回报，或总是单方面付出，没有相应的收获，这种关系是不能持久的。

⑤向身边的人学习。可以和同学一起组建学习小组，讨论和交流学习问题。个体的精力与时间是有限的，而知识是无限的，因此每个人都有一定的知识储备。通过讨论可以向他人学习其知识储备的精华，达到事半功倍的效果。针对相同的知识，不同的人会有不同的见解；针对相同的问题，不同的人会有不同的解法。因此，向身边的人学习，是我们拓宽知识面的一个好方法。

在信息急速膨胀的时代，没有合作，只依靠个人，很难取得事业上的成功。21世纪的成功者将是全面发展的人、富有开拓精神的人、善于与他人合作的人。接下来让我们回顾一下有关于中国石油这家公司的历史，以此感悟合作共赢的魅力吧。从1993年开始，中国石油开始了海外创业。中国石油的工作者在拥有复杂的政治环境和异常艰苦的自然条件的非洲大陆上并没有退缩，而是在这里发现了一个个油田，建起了一座座炼油厂，帮助很多非洲国家建立起了完整的现代石油工业体系。我们为当地人民提供技术，当地人民也因为工厂的建立有了稳定的收入。在尼日尔，中尼石油合作被称为"尼日尔人民的希望之光"。不仅如此，中国石油还为当地的医疗卫生、教育、生活条件等方面的改善做出了贡献。在给当地人带来收益的同时，中国石油也在海外合作中获得了无数的奖项与声誉，为"一带一路"倡议做出了贡献。

主题活动

主题活动一：　辩论会

组织一场关于"竞争比合作重要，还是合作比竞争重要?"的辩论会。在据理力争的过程中明确竞争与合作对个人、集体和社会发展的意义。

参考观点如下。

①在现代社会中，竞争和合作都不可或缺。竞争和合作都有其积极的意义。竞争能提高热情，激发潜能，增强实现目标的内驱力，但也容易使人紧张、不安。合作能使人更容易体验到成功，使双方得到更多好处，但也容易使人产生依赖和惰性，推卸责任，不思进取。

②竞争是人生的必需品，竞争在得到解决后，无外乎三种结局：第一种是"输—赢"关系，即以牺牲一方的情感或利益为代价，换取另一方的"胜利"；第二种是"输—输"关系，即两败俱伤；第三种是"赢—赢"关系，即彼此的需要都得到了一定程度的满足。当然，第三种是我们的理想结局，而要做到这一点，必须在彼此信任、坦诚的前提下，学会放弃，即学会合作。

③考虑自己的利益时，也要考虑对方的利益。利益不同往往是导致竞争的原因，利益相同是形成合作的基础。竞争是合作的基础和前提，没有竞争，就无所谓合作；合作是竞争的目标和归宿，没有合作，竞争就没有意义。

主题活动二：　双赢则皆利，　两败必俱伤

活动目的：通过游戏体验，学会处理竞争，明白"双赢则皆

利，两败必俱伤"的道理。

游戏"七彩球"。

将 7 个乒乓球放进花瓶里，只露出系着的棉线。花瓶代表大楼，细细的瓶颈是唯一的出口，7 个乒乓球则是楼里的居民。要求当大楼突然起火时，全部居民都能在最短时间里安全逃离。

游戏"红蓝牌"。

①分成两组或 4 组，每组不超过 8 个人且不少于 4 个人，每两组进行游戏。

②出示计分标准。

③请每组成员在充分考虑计分标准后，经过组内讨论决定本组选择红或蓝，并写在计分表上，把计分表交给裁判。

④由裁判宣布双方的选择结果，并根据计分标准为每组计分。

⑤游戏共进行 10 轮，在第 4 轮和第 8 轮结束时，双方可做 30 秒的沟通，但只有双方都提出这种要求才行，在其他时间双方不能有任何接触，保持一定的距离。

⑥第 9、第 10 轮计分加倍。

⑦总分为正值的小组为赢家，负值的为输家。两者均是正值为双赢；两者均是负值，没有赢家。

⑧游戏结束后，分小组讨论感受和收获，找出实现双赢的诀窍。

主题活动三： 游戏体验——在合作中学会合作

游戏"吃饼干"。

在游戏开始之前，需要先准备两双长度为五十厘米的筷子、一个碟子和若干饼干。在准备阶段，同学们可以两两配对，找到自己的搭档作为一个小队伍。然后各个小队伍排好顺序，依次参加游戏。

游戏规则如下：桌面的碟子上有两块饼干，两个人需要使用筷子将饼干送入嘴中，不得使用手或者嘴巴直接触碰碟子上的饼干，否则被视为犯规。游戏从参与者拿到筷子时开始计时，两块饼干都被送入嘴中时则计时停止。当全部小队伍都完成游戏之后，用时最短的小队伍胜利。

游戏"解人结"。

请15～20位同学在宽敞舒适的空间里围成一个圆圈，双手举起来，分别握住其他人的两只手，但不可以握同一个人的手，也不可以握两旁人的手。大家可以感觉到一群人纠缠在一起，就像一个难解的方程式。

请大家在不放开手的情况下，想尽办法把这个难解的方程式解开，成为一个手牵手、毫无交错的大圆。开始解结时，除了不能把手放开之外，可用任何动作，如转身、蹲下、跨越等（通常可以完成，偶尔会有两三个圆无法解开）。

游戏"怪兽"。

以12个人为一组，在5～10分钟内完成。要求小组造出一只怪兽，这只怪兽要有11只脚和4只手在地上，全体组员必须连接在一起成为一个整体的"怪兽"。

游戏"同舟共济"。

准备报纸6张，将同学分为6组，每组8个人。以小组竞赛的形式看看哪组报纸上站着的人最多。要求将报纸铺在地上，代表汪洋大海中的一条船，现在需要小组成员8个人同时站在船上，一个也不能少。

⚙ 拓展延伸

拓展延伸一： 囚徒困境

囚徒困境是博弈论的非零和博弈中具有代表性的例子，反映的是个人的最佳选择，而并非团体的最佳选择。或者说在一个群体中，个人做出的理性选择往往会导致集体的非理性。

起初，就职于兰德公司的梅里尔·弗勒德和梅尔文·德雷希尔提出了相关困境的理论，后来由顾问艾伯特·塔克以囚徒的方式阐述，并命名为"囚徒困境"。经典的囚徒困境如下。

警方逮捕甲、乙两个犯罪嫌疑人，但没有足够的证据指控两个人有罪。于是警方分开囚禁犯罪嫌疑人，分别和两个人见面，并向双方提供以下相同的选择。

若一个人认罪并作证检控对方（相关术语称"背叛"对方），而对方保持沉默，此人可被即时获释，沉默者将被判 10 年。

若两个人都保持沉默（相关术语称相互"合作"），则两个人同样被判半年。

若两个人都相互检举（相互"背叛"），则两个人同样被判 5 年。

如同博弈论的其他例证，囚徒困境假定每个参与者（"囚徒"）都是利己的，即都寻求最大的利益，而不关心另一参与者的利益。参与者某一策略所得利益，如果在任何情况下都比其他策略要小的话，此策略被称为"严格劣势"，理性的参与者绝不会选择。另外，没有任何其他力量干预个人决策，参与者可完全按照自己的意愿选择策略。

囚徒到底应该选择哪一种策略，才能将自己的刑期缩至最短？两个囚徒由于被隔绝监禁，并不知道对方的选择；即使他们能交谈，也未必能够尽信对方不会反口。就个人的理性选择而言，检举背叛对方所得刑期总比沉默要来得少。设想困境中的两个理性囚徒会如何做出选择。

若对方沉默、我背叛会让我获释，所以我会选择背叛。

若对方背叛指控我，我也要指控对方才能得到较少的刑期，所以我也会选择背叛。

两个人面对的情况一样，所以两个人都会得出相同的结论——选择背叛。背叛是两种策略之中的支配性策略。因此，这场博弈中唯一可能达到的纳什均衡，就是双方参与者都背叛对方，结果两个人同样被判 5 年。

这场博弈的纳什均衡，显然不是顾及团体利益的帕累托最优解决方案。就全体利益而言，如果两个人都保持沉默，他们都只会被判半年，总体利益更高，结果也比两个人背叛对方、被判刑 5 年的情况更佳。但根据以上假设，两个人均为理性的，且只追求自己的个人利益。均衡的状况会是两个人都选择背叛，结果总体利益比合作低。这就是"困境"所在。这个例子有效地证明了，在非零和博弈中，帕累托最优和纳什均衡是相互冲突的。

在重复的囚徒困境中，博弈被反复进行。每个参与者都有机会由于另一个参与者前一回合的不合作行为去"惩罚"他。这时，合作可能会作为均衡的结果出现。作为反复接近无限的数量，纳什均衡趋向于帕累托最优。

囚徒困境的主旨为，囚徒们彼此合作，坚不吐实，可为全体带来最佳利益（缩短刑期），但在无法沟通的情况下，因为出卖同伙可为自己带来利益，也因为同伙把自己招出来可为他带来利益，所以彼此出卖虽违反最佳共同利益，但能使自己获得最大利益。实际上,执法机构不可能创设此种情境来诱使所有囚徒招供,因为囚徒必须考虑刑期之外的因素(出卖同伙会遭到报复等),而无法完全以执法者所设立的利益(刑期)做考量,所以这是一个具有参考性的学术问题。

拓展延伸二: 改善人际关系检查训练表

请你借助下面的这个表(见表 8-1),尝试每周进行 1 次自我检查。一个月后,你与人相处的能力说不定会得到提高。

表 8-1 自我检查

检查要点	自我训练的效果			
	周次			
1. 只要自己在场,是否就会带给周围人喜悦的心情?				
2. 你是否无微不至地关心与照顾朋友?				
3. 你是否经常用积极的行动来帮助他人?				
4. 你是否将"热诚、宽容、微笑"作为与人相处的座右铭?				
5. 你能否在交往时既真诚又谨慎?				
6. 你平时是否主动留意过相处对象的个性、兴趣、经历、家庭等情况?				
7. 你是否注意学习他人的交往技巧?				
8. 你能否做到不轻率地应诺他人,受托于人时能否竭尽全力,不辜负他人的信赖?				

📋 课后任务

①当班上有一位成绩一直不如你的同学近期连续几次的测试成绩都超过你时，你心里会怎么想？你打算怎么做？

_____

_____

_____

_____

②请邀请你的同桌、舍友、朋友、老师给你留言（可以是祝福语或者对你的优势点赞等）。

_____

_____

_____

_____

③请围绕本课的学习，并结合你参与的游戏所产生的体验，写一写关于竞争与合作方面的自我反思。

_____

_____

_____

_____

第九课

怀揣友善，温暖世界

问题导入

友善的重要性

有个历史故事叫作将相和，我们很多人耳熟能详。文臣蔺相如奉命出使秦国，不辱使命，完璧归赵，所以被封为上大夫；又陪同赵王赴秦王设下的渑池之会，使赵王免受秦王的侮辱。赵王为表彰蔺相如，封蔺相如为上卿。老将廉颇认为自己战无不胜，攻无不克，蔺相如只不过是一介文弱书生，只有口舌之功却比他的官大，对此心中很是不服，所以屡次对人说："若我见了他，必定会羞辱他。"蔺相如知道此事后以国家大局为重，并不与之发生冲突，而是友善相待。廉颇得知蔺相如的举动完全以国家大局为重后，便醒悟过来，向蔺相如负荆请罪。之后两个人双剑合璧，一文一武，全心全意辅佐赵王治理国家。

友善，是社会的润滑剂，能让别人如沐春风，能让人与人之间的关系和睦，能减少很多摩擦和麻烦，有助于社会团结、进步。因此，我们需要继承和弘扬中华民族传统美德。

想一想：

倘若生活中人与人的相处失去了友善，社会将会变成什么
样子？

 知识导航

核心知识点一：　友善的内涵

友善是历史的传承。仁爱孝悌是中华民族的传统美德。友
善与"仁爱孝悌"一脉相承。"仁"是中华民族道德精神的象征，
是各种道德中最基本的也是最普遍的德性标准。"仁德"的核心
是爱人，即"仁者爱人"。孝悌之德的基本内容是父慈子孝、兄
友弟恭，它形成了一种浓烈的家庭亲情，对社会的稳定起到了
极为重要的作用，是民族团结的基石。孝悌之情可扩展为"忠
恕"，"忠恕"之德的基本要求是以诚待人、推己及人，即"四海
之内皆兄弟""不独亲其亲，不独子其子"，由此形成了中华民族
大家庭社会生活中浓烈的人情味和生活情趣。爱人、孝悌、忠
恕是仁德的基本内容，也是中华民族传统美德的集中体现。

核心知识点二：　社会主义核心价值观倡导的友善

社会主义核心价值观倡导的友善具体体现在以下几个
方面。①

一、谦敬礼让，帮扶互助

谦敬礼让，帮扶互助，即在工作和生活中不矜能、不伐善，

---

① 沈壮海、刘水静：《友善：处理人际关系的基本准则》，载《人民
日报》，2014-02-17。

先人后己，保持谦虚、低调。面对道德高尚、品质优秀的人，要虚心学习，做到见贤思齐；面对他人的过失、缺点，要设身处地体谅和包容，诚心诚意地进行提醒和帮助。勠力同心、同舟共济，在他人有困难时及时解急救难、雪中送炭。谦敬礼让、帮扶互助的友善风气在人们之间流转和传递，能消除隔阂、融冰化雪，使人如沐春风。

二、志同道合，携手奋进

同类相感，同声相求。友善之情往往生发于志趣相投的人之间，因此人们常说"同志为友""道不同不相为谋"。如果说友善意味着志同道合，那么，在当代中国，全体中华儿女的共同之"志"就是中国特色社会主义共同理想，共同之"道"就是中国特色社会主义道路。将个人追求融入国家梦想，在实现中华民族伟大复兴中国梦的征途上同心同德、共同奋进，是社会主义核心价值观倡导的关于友善的时代要求。

三、珍惜资源，关爱自然

人类不仅生活在群体、社会中，而且生活在天地、自然中。人们在自身的生存发展中不仅要和他人、社会打交道，而且要和自然打交道。"爱人"与"爱物"密不可分。人类只有一个地球，它是人们共有的生存家园。尊重自然，保护环境，就是尊重和保护他人和他国的生存发展权利，就是尊重和保护子孙后代的生存发展权利，就是尊重和保护人类自己。

核心知识点三： 实践中表达友善之美

友善既是社会主义核心价值观的基本内容之一，也是人们在社会生活中必须遵循的基本道德准则。在生活中，友善之美是通过一系列形象而具体的基本活动体现出来的。

一、秉持人人皆平等的观念

在与人交往的时候，要相互尊重、换位思考。在世界的发展进程中，人类文明中缤纷多彩的多元文化从未有过如此多的碰撞与交融。随之而来的摩擦、冲突、矛盾也层出不穷。但其根本原因并不在于多元文化本身，而在于不同的价值取向、偏好、倾向之间并不均衡。保持平等之心，把自己和他人都当作平等的人看待，对于文化交流带着自信、平等的观念，在交流中不先入为主，带有偏见，以尊重友善的态度进行交流，这将会为人类命运共同体赢得更加舒适的交往空间。

二、秉持友爱之心

对于我们每个人而言，友爱之心不应该成为一种奢侈品。当遇到有人需要帮助的时候，应该及时伸出援手，不要过于纠结利益得失。试想一下，当你遇到困难的时候，是否也想着有人能帮你渡过难关呢？所以当你力所能及时，为他人付出你的友爱之心，做出友爱之举，在未来你也一定会收获他人的友爱之心。

三、秉持包容之心

正如世界上没有两片完全一样的叶子，也没有完全一样的两个人。不同的人有着不同的世界观、人生观与价值观。只要符合社会主义核心价值观，就不存在高低贵贱之分。在与他人的交往过程中，每个人都可以适当地表达自己的态度，也应当学会理解与包容他人。如果失去了包容之心，那么整个人际交往是没有办法正常进行的。如果与他人起了争执，要保持理智，不要被怒火吞噬了包容之心。

四、切实提高与人沟通的技巧

拥有了友善之心，不代表能够传播友善之美。在生活中，我们往往会见到一种人，他们的本性并不坏，而且心地很善良，可是与人交往的时候却给人一种尖酸刻薄的感觉。其原因往往就是他们缺乏良好的沟通技巧，无法将内心的友善与关爱以平易近人的方式表达出来。因此，在与人交往的过程中，我们要善于提升交流能力，如与人说话时面带微笑，说话语速适中，语气缓和有力等。只有这样，我们才能营造和谐友爱的氛围。

五、珍爱自然

友善的传统对象是人，但在新时代背景下，世界各国都发现了自然对于人类的重要性。因此在现代社会中，友善不仅存在于人际交往中，而且还存在于与自然的交往中。人与自然的友善相处是人际友善相处的一种拓展与延伸。党的十八大报告中提出"大力推进生态文明建设"，强调我们要与自然友善相处，积极地保护生态环境，推进生态文明建设，这也从侧面强调了对自然友善的重要性。作为中国的新生代，我们更应该强化责任意识，保护环境，珍惜资源，热爱自然。例如，在生活中，做到人走灯熄、将垃圾进行分类、水龙头用完拧紧、打印资料的时候用双面等，都可以为保持大自然的美好贡献自己的一份力量。

▤ 主题活动

主题活动：品德的修炼

一、活动目的

①了解社会主义核心价值观中"友善"的内涵。

②体会友谊和协作的乐趣，加强队员之间的沟通与交流，增进集体之间的感情。

③掌握友善交往的技巧，并在日常生活中践行。

二、活动准备

①收集关于"友善"的相关资料。

②准备三个团队活动。

三、活动过程

(一)看视频，谈友善

①播放视频，根据视频内容交流公民的基本道德规范有哪些。

②小队讨论交流："友善"离我们有多远？

说明："爱国、敬业、诚信、友善"，是公民的基本道德规范，是从个人行为层面概括出的社会主义核心价值观的基本理念。它覆盖了社会道德生活的各个领域，是公民必须恪守的基本道德准则，也是评价公民道德行为的基本价值标准。友善强调公民之间应相互尊重、相互关心、相互帮助，和睦友好，努力形成社会主义的新型人际关系。

(二)做游戏，寻友善

团队活动——笑容可掬。

1. 规则和程序

①让队员站成两排，两两相对。

②各小队派出一名代表，立于队伍的两端。

③相互鞠躬，身体要弯腰成90度，高喊×××你好。

④向前走交会于队伍中央，再相互鞠躬，高喊一次。

⑤鞠躬者与其他队员均不能笑，笑出声者即被对方"俘虏"。

2. 相关讨论

①这个游戏给你最大的触动是什么？做完这个游戏后，你有没有觉得心情格外舒畅？

②这个游戏给了你什么启示？

说明：此环节为分组活动，参与者为以小组为单位的每位队员，参与时间为 5 分钟。

（三）会交流，学友善

团队活动——积极反馈。

1. 规则和程序

①各小队自动分为若干合作小组，每两个小队为一组。

②让每个小队写出 4～5 个他们所注意到的对方队员的特点，如下。

＊一个身体上的良好特征，如甜美的笑容、悦耳的嗓音等。

＊一种极其讨人喜欢的个性，如体贴他人、有耐心、细心。

＊一种引人注目的才能或技巧，如良好的演讲技巧、打字准确。

③所列出的各项都必须是积极的、正面的。

④当他们写完后，每两个小队之间展开自由讨论，其中每个小队队长都要告诉对方小队自己队员所观察到的东西。

⑤建议每个小队把对方所做出的这些积极的反馈信息记录下来，在小队队员遇到困难或者矛盾的时候读出来。

2. 相关讨论

①你觉得做这个游戏愉快吗？如果不愉快，为什么？（对于这些积极的反馈信息的接收者或施予者来说，这个游戏可能是全新的体验。）

②为什么对大多数人来说，赞扬别人是一件困难的事情？

③如何能让我们更加轻松地反馈给别人积极的信息？（发展相互之间的密切关系，提供确切的证据，选择适当的时间。）

④如何能让我们更加轻松地接受别人反馈的积极的信息？

（尝试去接受它；在质疑之前，先好好思考一下它的正确之处，允许自己对它感觉良好。）

⑤为什么有些人很快就会给别人负面的评价，而几乎从来不给别人正面的评价？

说明：本环节为小队间的交流活动，开展活动时每两个小队为一组，活动时间为 10 分钟，需要提前准备记事本。

(四)乐合作，行友善

团队活动——同心协力。

1. 规则和程序

①将全体队员分为几个小组，每组 5 个人以上为佳。

②每组先派出两名队员，背靠背地坐在地上。

③两个人的双臂相互交叉，合力使彼此一同站起。

④以此类推，每组每次增加一个人，如果失败需再来一次，直到成功后才可再加一个人。

⑤班主任在旁观看，人数最多且用时最少的一组获胜。

2. 相关讨论

①你能仅靠一个人的力量就完成起立的动作吗？

②如果参加游戏的队员能够保持动作协调一致，这个任务是不是更容易完成？为什么？

③你们是否想过一些办法来保证队员之间的动作协调一致？

说明：开展本环节活动时需要将原先的小组打乱，全体队员共同参与，活动时间为 5～10 分钟。

(五)共谋划，存友善

①队员按照原先的位置归位。归位环节是否顺利、队员之间是否谦让，能够再一次检验本次活动课主题实施的效果。

②头脑风暴：通过这堂活动课，你更深入地了解友善了吗？

在小队中，你应如何表现自己的友善？

③制订友善承诺书，签订友善协议，为维护友善的环境做出自己的承诺与贡献。

⚙ **拓展延伸**

拓展延伸： 说出我们的心声——
关于友善的演讲稿

尊敬的家长、敬爱的老师、亲爱的同学们：

你们好！

我读过这样一则故事：一个少年在企图行窃时，被躺在床上的女孩发现了。女孩并没有报警，而是装作并不知道他是小偷，热情地邀请他与自己聊天。他们聊得很开心。少年临走前，女孩用自己的小提琴为他拉了一首曲子，然后又把小提琴送给了少年。后来，当少年再去找女孩时，女孩已因患骨癌离开了人世。她的墓碑上镌刻着这样一句话：把友善奉献给这个世界，所以我快乐。少年从此变了样，他重拾自尊，心中燃起了走出逆境的熊熊烈火！最终，昔日的少年成材了，在悉尼大剧院，他深情地拉起了悠扬的曲调——把它献给那个女孩。女孩善待少年，是为了维护他的尊严。她也许永远都没有意识到，她的友善、宽容和爱心，怎样震撼了一个迷途少年的心，让他重新树立了信念，扬起了生活的风帆。一次友善的交谈、一首优美的曲子，就这样改变了一个人的一生！

其实，友善就是宽容和理解，这种宽容和理解在生活中无处不在，我也真切地感受过。有一次，我不小心将摔炮扔在了一位老奶奶面前，把老奶奶吓了一跳，我不知所措，忙走到她跟前道歉。老奶奶只是摆摆手，慈祥地说："没关系，以后注意就是。"老奶奶的话语缓解了我紧张的心情。望着老奶奶离去的身影，一阵暖流突然涌上我的心头。你看，生活中处处充满友善吧。

课后任务

①阅读《富兰克林自传》，并写下读后感。

_____

_____

_____

_____

②列出个人友善清单。

_____

_____

_____

_____

第十课

投我以木瓜，报之以琼琚

 问题导入

感恩的故事

韩信少年时家中贫寒，虽然用功读书，拼命习武，却无以为生。迫不得已，他只好到别人家吃"白食"，为此常遭到别人的冷眼。韩信咽不下这口气，就来到水边垂钓，用鱼换饭吃，经常饱一顿饥一顿。有个老妇人见韩信可怜，就把自己的饭菜分给他吃。天天如此，从未间断过。韩信深受感动。韩信被封为淮阴侯后始终没有忘记老妇人的恩情，派人四处寻找，最后以千金相赠。

想一想：

①读完这个故事，你有什么启发？

②感恩对于人的重要性体现在哪里？

 知识导航

核心知识点一： 中华传统文化中的感恩解读

《现代汉语词典》把"感恩"解释为：对别人所给的恩惠表示

感激。感恩是一种生活态度、品德或处世哲学。儒家文化的"仁义礼智信、温良恭俭让"，其实就包含感恩的情结。

中国的文化传统中有着极为深厚的感恩文化内容。《诗经》曰：投我以木瓜，报之以琼琚。《三国志·吴志·骆统传》曰："飨赐之日，可人人别进，问其燥湿，加以密意，诱谕使言，察其志趣，令皆感恩戴义，怀欲报之心。"其中"感恩戴义"一词，意义接近"感恩戴德"。东汉学者王充说过"报恩祭祖"的话，说明古人早已认识到并践行了感恩。自古以来，我国有"滴水之恩，涌泉相报""衔环结草，以谢恩泽""知恩不报非君子""来而不往非礼也"等说法，这些无不昭示着感恩文化在我国源远流长。

核心知识点二：感恩对个人心理健康及社会和谐的促进作用

感恩是在接受他人善意的帮助时，对施惠者及其所给的帮助或恩惠产生真诚的感激并能够适时地对施惠者给予适当的回报的一种稳定的情绪唤起、认知加工和行为倾向。在人类文明史上，很多文化都将感恩视为一种值得人们一生求索的品德，西塞罗(Cicero)甚至将感恩视为一切美德的源泉。心理学研究表明，感恩和较低的抑郁水平及较高的生活满意度相关。[1][2] 感恩在人际以及社会层面的积极作用已被大量研究证实：受惠者对施惠者给予的善意帮助产生的感激之情并表达感恩不仅能增强

---

[1] 范志宇、吴岩：《亲子关系与农村留守儿童孤独感、抑郁：感恩的中介与调节作用》，载《心理发展与教育》，2020(6)。

[2] 赵小云、崔斌：《感恩对留守中学生生活满意度的影响：生涯适应力的中介作用》，载《淮北师范大学学报(哲学社会科学版)》，2021(6)。

受惠者与施惠者之间的互信互惠、巩固其人际联系，而且能促进他们对其他个人或群体的亲社会行为。

核心知识点三： 培养感恩品德的可行性策略

高中阶段感恩品德的培养应该从道德认知、道德情感、道德行为三个方面展开。

一、认识感恩、感受感恩

首先要明白在自己的成长过程中所得到的东西都不是理所当然的。要认识到在成长过程中所得到的、所拥有的、所经历的就是"恩"，并且亲身体会到"恩"所带来的一切。这里面包含了父母的养育之恩、老师的教导之恩、朋友的帮助之恩、祖国的培养之恩、大自然的赐予之恩，这些无私的给予都应该被铭记于心。去感知在平凡的生活中受到的点点滴滴的恩惠，从回报父母无私奉献的恩情开始，学会感激父母，感激他人，感激社会。

二、培养良好的道德情感

通过开展一系列各具特色的感恩教育活动，培养人们的感恩意识，从而激发他们的感恩情怀，并与感恩活动中要表达的主题内容产生情感上的共鸣，感受身边的爱和温暖，最终唤醒自己的感恩之情。感恩教育使用情感教育的方法会收到事半功倍的效果，这也是感恩教育的关键。

三、将感恩意识转化为感恩行动

发自内心地感恩，在不超越社会道德和法律许可的范围内，以实际行动来感恩父母，感恩师长，感恩社会，感恩祖国。在感恩教育的过程中，教育者要言传身教，用自身高尚的人格魅力和实际行动，将感恩教育落到实处，使学生受到教育和影响，并且信服，从而将感恩意识转化为实际行动。从点点滴滴的小事做起，在日常生活中处处体现感恩行为，并将这种行为变成一种习惯，变成生活的一部分。

 主题活动

主题活动一：　主题班会

一、活动目的

①"感恩"是一种生活态度，是一种美德，是做人的基本修养和道德准则。

②学会感谢、珍惜和感恩。

二、活动内容

(一)感谢父母养育我

①以实际行动感恩父母：每天为家里做至少一件家务，如打扫卫生、叠被子、洗碗、洗衣服、整理房间等。

②组织学生给父母写一封信，将自己对父母的爱和感恩之情用书信的形式向父母尽情表达。

(一)感谢社会关爱我

开展社会实践活动，为社区进行义务清扫，引导学生感受今天幸福生活的来之不易，树立正确的价值观、人生观和世界观。

主题活动二：　背诵古诗

背诵关于感恩主题的古诗，列举如下。

游子吟

〔唐〕孟郊

慈母手中线，游子身上衣。

临行密密缝，意恐迟迟归。

谁言寸草心，报得三春晖。

别老母

〔清〕黄景仁

搴帷拜母河梁去，白发愁看泪眼枯。

惨惨柴门风雪夜，此时有子不如无。

十五

〔宋〕王安石

将母邗沟上，留家白纻阴。

月明闻杜宇，南北总关心。

岁暮到家

〔清〕蒋士铨

爱子心无尽，归家喜及辰。

寒衣针线密，家信墨痕新。

见面怜清瘦，呼儿问苦辛。

低回愧人子，不敢叹风尘。

慈母爱

〔元〕杨维桢

慈母爱，爱幼雏，赵家光义为皇储。

龙行虎步状日异，狗趋鹰附势日殊。

膝下岂无六尺孤，阿昭阿美非呱呱。

夜阒鬼静灯模糊，大雪漏下四鼓余。

百官不执董狐笔，孤儿寡嫂夫何呼？

於乎，床前戳地银柱斧，祸在韩王金柜书。

墨萱图

[元]王冕

灿灿萱草花，罗生北堂下。

南风吹其心，摇摇为谁吐？

慈母倚门情，游子行路苦。

甘旨日以疏，音问日以阻。

举头望云林，愧听慧鸟语。

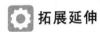 拓展延伸

拓展延伸一： 说出我们的心声——
关于感恩的演讲稿

今天我演讲的题目是"学会感恩"。

我常常在校园中看到这样的情景，许多同学的父母在凛冽的寒风中默默等待着未下课的儿女，给他们送来防寒的衣物，送来遮风挡雨的雨伞，送来可口的饭菜。而有些同学只知道欣然接受，连一句感谢的话都没有；有些同学对老师长年累月的付出不知感恩，却对老师一次真诚的教诲耿耿于怀；有些同学对班集体无微不至的照顾不知感恩，还认为班集体与他无关。

这些现象的背后都是感恩之心的缺失。感恩是一种千古流传的美德。

卢梭说过一句话："没有感恩就没有真正的美德。"是的，感恩是一种美德，在竞争日益激烈的现代社会，我们仅有一点成绩，仅有一点才能是远远不够的。只有我们具备了感恩的品德，

才能拥有和谐的生活，拥有光明与前途。

在《三国演义》中，诸葛亮自然是智慧的化身，但在他的心里，始终充溢着两个字——感恩。诸葛亮的一生可谓战果累累：火烧新野、火烧博望坡、巧借东南风、三气周公瑾、夺西川、平南蛮、七擒孟获、六出祁山……而他的所作所为从始至终都只有一个原因，那就是——酬三顾之恩。真可谓"鞠躬尽瘁，死而后已"。

学会感恩，感谢生活给你的赠予，你才会拥有积极的人生观、健康的心态。"予人玫瑰，手有余香"，人生在世，要学会分享，互爱互助。给予越多，生活才更丰富；奉献越多，生命才更有意义。常怀感恩之心，对别人就会少一份挑剔，多一份欣赏和感激。感恩会使你对生活和一切美好的事物充满信念，从而被美好的事物包围。

同学们，感恩是一束金色的阳光，它能融化冰雪。让我们学会感恩吧，感恩身边的一切，让温暖的阳光照耀在我们的心底。

拓展延伸二： 关于感恩的心理学研究

感恩、感谢或感激是对施恩者所给予的益处、恩惠的最合适、最恰当的回应称谓。在心理学层面对感恩进行系统性研究是在 2000 年左右才开始的，可能是因为心理学更侧重理解负面的情绪而不是理解积极的情绪。心理学层面对感恩的研究侧重对短时间内感恩的情感体验（感恩的状态）及感恩频次在个体间的差异（感恩特质）及上述两点之间的关联。

　　大量的研究表明，越懂得感恩的人往往幸福感水平更高。①② 心存感恩的人更幸福，抑郁程度更低，心理压力更小，他们对生活和社会关系也通常更满意。就压抑性情绪而言，心存感恩可以很好地缓冲压抑性情绪，并且促进积极性心理体验的形成或重构。心存感恩的人对周围环境、个人成长、人生目标、自我认可有着更高的掌控水平。心存感恩的人更容易成功应对生活中所遇到的困难，也更容易从他人那里获得帮助，有助于个人的成长，同样也能花更多的时间来规划如何处理遇到的问题。心存感恩的人应对负面情绪的策略更少，不太可能会逃避问题，不太可能会自责或者借助外物解决问题。心存感恩的人通常睡眠较好，因为在睡前他们很少会思考消极的事情，而更多的是思考积极的事情。

　　一项美国加州大学的研究表明，个人的感恩水平越高，其心脏会越健康。感恩与其他的积极心理状态也存在显著相关。一项元分析研究发现，个体的感恩水平与个体的自尊呈中等程度的正相关。③④ 在学习与生活中，感恩也起着重要的调节作用，使得两者朝更好的方向发展。

————————

　　①　喻承甫、张卫、李董平等：《感恩及其与幸福感的关系》，载《心理科学进展》，2010(7)。

　　②　王肖川、韩冰、郭宁：《感恩情绪干预应用于抑郁症患者的效果评价》，载《世界睡眠医学杂志》，2019(6)。

　　③　王思琴、姜永杰：《感恩与自尊关系的元分析》，载《心理技术与应用》，2021(12)。

　　④　文超、张卫、李董平等：《初中生感恩与学业成就的关系：学习投入的中介作用》，载《心理发展与教育》，2010(6)。

📑 课后任务

①列出个人的感恩清单。

_____

_____

_____

_____

②给你要感谢的人写一封感谢信。

_____

_____

_____

_____

第十一课

生活要有品味

 问题导入

过有追求的生活

两千多年前，罗马军队攻进了希腊的一座城市，他们发现一个老人正蹲在沙地上专心研究一个图形。他就是古代著名的物理学家阿基米德。他很快便死在了军队的剑下，当剑朝他劈来时，他只说了一句话："不要踩坏我的圆！"在他看来，他画在地上的那个图形比他的生命更宝贵。更早的时候，征服了欧亚大陆的亚历山大大帝在视察希腊的另一座城市时，遇到正躺在地上晒太阳的哲学家第欧根尼，便问他："我能替你做些什么？"得到的回答是："不要挡住我的阳光！"在他看来，相比于他在阳光下的沉思，亚历山大大帝的赫赫战功显得无足轻重，这两个小故事表明了古希腊优秀人物对于精神生活的珍爱，他们爱思想胜于爱一切，包括自己的生命。

珍惜内在的精神财富甚于外在的物质财富，这是古往今来一切贤哲的共同特点。英国作家王尔德到美国旅行，入境时，海关官员问他有什么东西要报关，他回答："除了我的才华，什么也没有。"他没有什么值钱的东西，他引以为豪的是他拥有不能用钱来估量的艺术才华。

人的高贵在于一个人高尚的品味和追求。历史上的诸多贤哲都是真正有高尚品味的人。

看了以上故事，你有什么感想？

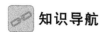 **知识导航**

核心知识点一： 什么是品味

一、《现代汉语词典》对"品味"的解释

《现代汉语词典》对"品味"做出了以下解释：做动词时，意为"尝试滋味、品尝""仔细体会、玩味"；做名词时，意为"（物品的）品质和风味""格调和趣味"。本课我们要阐述的是"生活要有品味"，因而这里的"品味"特指一个人所选择的物品的品质和风味，以及个人的格调和趣味。

二、品味是一个人对内在品质的追求

一谈到品味，一些人会说品味是用金钱堆出来的，还会想到名牌时装、超级跑车、豪门派对等。一个人衣着简朴、待人彬彬有礼，能说他没有品味吗？一个人身居陋室却将其打理得井井有条，能说他没有品味吗？一个人在无人的街头也要等绿灯亮了才通过，能说他没有品味吗？可见，品味其实不在于你穿什么、吃什么、住哪里，而在于你做什么，在于对精神的追求、内在的修养、生命的质感。

就如孔子所说的："贤哉，回也！一箪食，一瓢饮，在陋巷，人不堪其忧，回也不改其乐。贤哉，回也！"意思是颜回追随孔子学习，过着贫寒清俭的生活，不仅没有怨天尤人，而且

很快乐。孔子大赞颜回，为何？原因在于他放下了对功名利禄的追逐，放下了口腹之欲的享受，一心学习自然之法、处世之道，追求精神的至臻完美。颜回的箪瓢陋巷并非故意展示清高，而是即便是箪瓢陋巷也无所谓，因心中有了更高的追求而忽略了外在的需求。你能说颜回就没有品味吗？如果有人住在山林野外、人迹罕至的地方，学着种种清高的模样，这就叫生活有品味了吗？恐怕未必！如果心中没有更高的追求，而只是彰显自己的与众不同，估计也是沽名钓誉之辈，只是学个样子罢了。

品味是一个人身上的元素，它反映了一个人的修养、趣味。真正的品味，不是外现的物质的表象，而是一种对待人与物的态度，是一种精神，一种态度，一种让自己更优秀、更让人想亲近和信赖的愿景。品味不是奢侈品，但也不一定就是消耗品，你不一定要有漂亮、新潮的衣服，但一定要干净整洁。衣服是人的脸面，穿名牌时装的人未必很有品味，穿质朴衣服的人也未必就没有品味。因此，品味与豪奢没有必然的联系。品味更多体现一个人对内在品质的追求、对高雅情趣的向往、对真善美的青睐。

核心知识点二： 为何要提高品味

在日常生活中，我们总会听到有人评价他人说："嗯，他很有品味！"并表露出羡慕与赞赏的神色，恨不得自己马上能成为他人眼中的有品味之人。由此可见，有品味是大家一直都追求的。然而，我们追求品味只是为了让他人羡慕、赞赏从而满足自己的虚荣心吗？下面，我们就来细谈一下为什么要在生活中提高自己的品味。

对于生活与品味的关系，不是生活决定了品味，而是品味决定了生活。你的品味如何，很大程度上决定了你生活的方向乃至人生的高度与深度。

"品味"特指一个人所选择的物品的品质和风味，以及个人的格调和趣味。高雅的品味是指一个人优秀的品德、高雅的审美趣味、高尚的情操、良好的教养。那它对我们的生活有什么影响呢？

一、高雅的品味能让我们的生活更健康

世界卫生组织对影响健康的因素进行了以下总结：健康＝60％生活方式＋15％遗传因素＋10％社会因素＋8％医疗因素＋7％气候因素。可见，生活方式是影响健康的主要因素。而我们今天所指的健康不是"无病即健康"，健康不仅指一个人的身体没有出现疾病或虚弱现象，而且指一个人生理上、心理上和社会上的完好状态，具体是指躯体健康、心理健康、智力健康、道德健康等。2016 年，教育部把"健康生活"定为"中国学生发展核心素养"的六大素养之一。由此可见，健康生活已成为共识。

品味高雅的人对自己的身体有要求，对生活有追求。只有持续追求高雅的品味，才能让我们的生活更健康。

二、高雅的品味能让我们的交友更广阔

人是群居的生物，我们都不可能独立于社会孤独地存在，我们需要与他人交往。优秀的品德、高尚的情操、良好的教养能让我们广交志同道合之人，能让我们赢得他人的尊重，能让我们在社会交往中做到游刃有余，处理事情事半功倍。

教养是表现在行为方式中的道德修养，是社会影响、家庭教育、学校教育、个人修养的结果，尤指在家庭中从小养成的行为的道德标准。一个没有教养、诚信的人是不受欢迎的。随

着社会的发展和进步，人们的精神需求层次和自我认知价值越来越高，人们越来越希望得到理解、受到尊重。毫无疑问，在当前的形势下，学礼仪、有教养已不是个别社会层次的需求，而是全民所需。因此，拥有高雅的品味无疑能让我们"有'礼'走遍天下"。

三、高雅的品味能让我们更愉悦

"人文底蕴"是"中国学生发展核心素养"的六大素养之一，其中包含审美情趣，其重点是：具有艺术知识、技能与方法的积累；能理解和尊重文化艺术的多样性，具有发现、感知、欣赏、评价美的意识和基本能力；具有健康的审美价值取向；具有艺术表达和创意表现的兴趣和意识，能在生活中拓展和升华美等。

高雅的情趣是健康、科学、文明、向上的情趣，它符合现代科学和文明的要求，也符合社会道德和法律的要求，体现了一个人对美好生活的追求、乐观的生活态度和健康的心理。毫无疑问，拥有高雅的审美情趣，能让我们发现自然之美妙、世界之广大、社会之缤纷，能让我们感知艺术创作之美好、人生之无穷，从而愉悦身心，热爱自然，回馈社会，进而提升我们的生命质量。

核心知识点三：如何提高品味

提高品味不是一朝一夕的事情，而是一个持之以恒的系统工程。总的来说，要内修素质，外树形象。

一、什么是个人素质

个人素质的分类繁多，可分为德、智、体、美、劳五类。一是德，即道德素质，是指个人的修养。一个有修养的人，不会背后道人是非、出言不逊，不会乱丢垃圾、乱闯红灯，不会挑剔炫耀、轻视他人。二是智，即智力素质，是指个人的学问和能力，如拥有渊博的社科类知识，具有创新能力、数学逻辑思维能力、语言文字运用能力等。三是体，即身体素质，是指个人的身心健康，如拥有健康的心理、健康的体魄等。四是美，即审美素质，是指个人的服饰、打扮是否得体、审美情趣是否高雅。五是劳，即劳动素质，指个人的实践能力和独立生活的能力。

二、什么是个人形象

个人形象是一个人的外表或容貌，是一个人内在品质的外部反映，是反映一个人内在修养的窗口。个人形象既是个人发展的需求，也是社会发展对于个人的要求。

在心理学上，第一印象被称为"首因效应"，无论它是正确的还是错误的，大部分人都依赖第一印象的信息，第一印象的形成对于日后的决定起着非常大的作用。诸多形象专家以自己丰富的人生阅历告诉我们：第一印象即形象是多么重要！

那么，我们该如何内修素质，外树形象，进而提高品味呢？

用知识武装自己。广泛阅读各类书籍，开阔视野，激发思维，汲取前人的智慧。无论是政治、经济、哲学、军事等类别的书籍，还是文学、艺术、历史、天文、生物等类别的书籍，都要涉猎。如此并非要打造超级大脑，而是要让自己有思想、有见地、有立场、有原则，不人云亦云，不被他人左右。

慎独自律，培养优秀的品质。所谓慎独，是指人们在独自活动、无人监督的情况下，凭着高度自觉，按照一定的道德规范行动，不做任何违反道德和法律之事。这是培养个人道德修养的重要方法，也是评定一个人道德水平的关键。慎独是悬挂在我们心头的警钟，是阻止我们陷入深渊的一道屏障，是提升我们自身修养、走向完美的一座殿堂。拒绝慎独，就像放任"病毒"在自己的体内蔓延滋长，最终结果就是毁灭自己。因此，我们要慎独自律，在生活中磨砺自我，培养自尊自立、自制自省、乐观坚韧、进取勤奋、认真负责、正直善良的美好品质，成为一个道德高尚的人。

养成良好的生活习惯。三餐定时，睡眠充分，饮水充足，保持身体所需；及时就医，按时吃药，维持身体健康；适量运动，有利于防止动脉血管硬化，维护心血管系统的健康，经常参加以耐力性为主的运动项目，如跑步、登山等，从而增强体质；懂得自理，收拾屋子，保持环境洁净；规划时间，定期远足，与友同行，增长见闻。良好的生活习惯使人终身受益。

培养高雅的兴趣爱好。每个人的兴趣爱好都有所不同，但是都有一个共同点，就是能让自己从中获得快乐，得到锻炼，增长见识。无论是看书、下棋、练字、绘画，还是刺绣、烹饪、种花，最主要的是有自己的兴趣爱好，并坚持下去。

培养良好的礼仪和教养。礼仪是指人们在社会交往过程中应该遵守的行为规范和准则，是律己敬人的一种行为规范，是表现对他人尊重和理解的手段。教养是表现在行为中的道德修养状况，是社会影响、家庭教育、学校教育、个人修养的结果，是从小养成的行为的道德标准。

鉴于礼仪的种类繁多，这里将从校园礼仪、家庭礼仪和社会礼仪三个方面进行阐述，具体阐述如何提高我们的礼仪和教养。

校园礼仪。课堂礼仪：遵守课堂纪律，这是学生最基本的礼仪。服饰仪表：按学校的要求穿着，要求合体、适时、整洁、大方、讲究场合。尊师礼仪：学生在校园内进出或上下楼梯与老师相遇时，应主动向老师问好。同学礼仪：团结友爱，对同学的相貌、体态、衣着不评头论足，不给同学起带有侮辱性的绰号，不嘲笑同学的生理缺陷。集会礼仪：听从指挥，保持安静，不东张西望、大声喧哗。校内公共场所礼仪：自觉保持校园整洁，不在教室、楼道、操场乱扔纸屑、果皮，不随地吐痰，不乱倒垃圾，不在黑板、墙壁和课桌椅上乱涂乱画、乱抹乱刻，爱护学校公共财物，节约用水、用电。

家庭礼仪。敬父母长辈的礼仪：早上起床后、晚上就寝前、父母下班回到家时，应向父母表示问候。离家外出、上学或放学回到家时应向父母打招呼；正确地称呼长辈，对年岁较大、行动不便的长辈给予照顾。餐桌礼仪：入座时请长辈先坐，女士先坐，客人先坐，待别人坐定后，自己才可入座。待客礼仪：客人来访，要事先准备，把房间收拾整洁，迅速开门或主动到门外迎接客人，热情与客人打招呼，不冷落客人。

社会礼仪。社会礼仪所涉及的范畴很广，只有本着律己、敬人、宽容、平等、真诚、适度、从俗等规范与要求，才符合社会礼仪。当然，仍须遵循两个原则："德"与"敬"。因为"德"是礼的灵魂，"敬"是礼的核心。

礼仪是教养的基础，是获得教养的量变的修炼过程，两者有着千丝万缕的关系，相辅相成。我们学礼仪不是纯粹地模仿外在的形式，而是通过学习礼仪达到教养的终点。礼仪是表面的，是人与人交往时所表现出的对人谦让、恭敬的外在举止。而教养是发自内心的，是一种积极的对己、对人的态度和行为，是由环境、教育、经历等因素形成的内在素质。好的教养是发自内心的行为，是善良地对待他人，不是通过后天的强制学习可以获得的。我们既需要内在道德品质的美好与完善，也需要外在行为举止的礼貌与得体。只有两者统一，才能有助于我们和他人建立良好的人际关系。否则，别人对我们要么"唯恐避之不及"，要么"敬而远之"。若非出于真心而表现得面面俱到，那只是礼貌；得体的礼仪坚持一段时间后可能会使人改变他人的态度，使其成为发自内心的行为，礼仪也就随之转化为教养了。

总而言之，我们只有怀着对生活的热爱、对未来的憧憬，才能发现生活的美，学会品尝生活的美，从而拥有高雅的品味。

主题活动

主题活动一：文明礼仪 A、B 剧场——公交车上

一、活动目的

①了解文明礼仪对个人的重要性。

②理解任何人都应该为社会和谐出力。

③学会克制自己不文明的言行，努力做一个讲文明重礼仪的中学生。

二、活动方法

情景剧表演、讨论。

三、活动准备

①编写 A、B 剧本。其中 A 剧是公交车上不文明的情景，B 剧是行为矫正后的情景。通过撰写 A、B 剧本的过程，让学生接受一次文明礼仪的自我教育。

②准备道具。道具就是写明身份的名签。在名签上写上公

交车乘客的年龄、身份。尽量确保班上的每一个人都以一个公交车乘客的身份参与到情景剧中。

③选定主角。A 剧主角由平时有礼貌、讲文明的孩子担任；B 剧主角由平时淘气的孩子担任。乘客甲、乙、丙、丁等临时分派。事先分发 A 剧主角的台词。

（设计意图：选定 A 剧主角，让他饰演与平时的自己有完全不同的行为的角色，会引发他内心的不愉快，乃至厌恶，他对内心感受的分享对当事人是很好的教育。由平时淘气的孩子担任 B 剧主角，就是给他一个在相似情景下行为矫正的机会，给他一个重塑自我、肯定自我、树立信心的机会。）

四、活动过程

环节一：情景重现（A 剧）。

只有主角才知道剧情，其他乘客都是临时接到角色名签的。主要角色有公交车司机（有一句台词，要求给老人让座），刚上车正找座位的年迈的老人，下班回家疲惫、犯困的职员，带孩子的家长，其他学校的学生等。事先要求拿到角色名签的同学带着角色要求的身份观察整个情景剧，要有自己的评价。

设计意图：作为反面教材呈现的 A 剧是让当事人看到不文明行为的"丑"，反思自己的言行，而"乘客"则通过观察剧中的角色行为加深对文明礼仪的认识。

环节二：头脑风暴（讨论）。

先由其他"乘客"发言，分享在刚刚的情景下自己的内心感受，对主角的言行的评价；再由主角发言，讲述在扮演这个角色时的内心感受，以及对这种行为的评价。共同讨论在公交车上正确的言行举止应该是怎样的。

环节三：情景重塑（B剧）。

由当事人担任主角，其他同学分别饰演主角的小学同学，公交车司机，刚上车正找座位的年迈的老人，下班回家疲惫、犯困的职员，带孩子的家长等。

按照之前讨论的结果，重塑情景。允许在重塑情景的过程中有讨论以及反复的演练。

环节四：心灵激荡（讨论）。

大家就角色分享内心感受、行为评价。进行 A、B 剧情的对比讨论，主要是剧中主角前后行为的改变所导致的周围评价的改变，以及由此带来的内心感受的改变。由当事人重点分享对剧中自己的角色的感受。

环节五：更上层楼（总结）。

引导学生讨论以下问题。

①人为什么要讲文明礼仪？

②作为高中生的我们应该怎样做？

五、总结

想要赢得别人的尊重，先要有文明礼仪。因为讲文明、重礼仪是人区别于动物的重要因素之一，是人与人交往的起点，是社会有序运转的保障。

礼仪和人类的情商一样，决定着你的人际关系。当你走出家门时，肩上就扛着家庭的荣辱。当你走出校门时，肩上就扛着学校的荣辱。当你走出国门时，肩上就扛着国家的荣辱。礼仪何其重要！对个体而言，不学礼，无以立。礼仪能使个人的言行在社会活动中与其身份、社会角色相适应；礼仪是衡量个人道德水平高低和有无教养的尺度。礼仪能塑造组织形象，提高办事效率，是一个国家文明程度、道德风尚和生活习惯的反映。所以说"有礼走遍天下，无礼寸步难行"。因此，生活要有品味，礼仪必不可少；构建和谐社会，礼仪必须先行！

主题活动二："寻找高雅的情趣"主题班会

一、活动目的

①促进学生热爱生活、全面发展，积极地追求美好生活。

②引导学生追寻高雅的情趣，摒弃庸俗的情趣，杜绝不良嗜好，养成良好的行为习惯。

二、活动方法

多媒体播放视频，讨论。

三、活动准备

准备背景音乐，收集相关图片。

四、活动过程

(一)自主感悟

多媒体展示：轻柔的音乐背景下世界各地的自然风光的图片和人文图片。

老师：通过观看一幅幅画面，你有什么感受？

学生纷纷讨论。老师通过明确本次活动的主题，引出"情趣"的定义——志趣、志向或情调趣味。

老师小结：情趣是多种多样的，它不仅存在于自然风光、娱乐休闲中，而且存在于无私奉献中。只要我们用心观察，生活中处处有情趣。

(二)主题探究

环节一：感知情趣——雅俗之分。

活动一：小组合作。

老师：请同学们以小组为单位，派代表在黑板上写出你及周围人有哪些生活情趣，并用红笔把坚决摒弃的情趣圈出来。

学生分组讨论，明确结果，并说出区分的依据。

多媒体展示结论：情趣有雅俗之分。

①高雅的情趣是健康、科学、文明、向上的情趣；庸俗的情趣是平庸、鄙俗、不高尚的情趣。

②平日对有些情趣不能简单地区分为高雅的情趣或庸俗的情趣，要一分为二地正确看待。

环节二：品味情趣——雅俗利弊。

活动二：观看《洞穴之光》。

观看后让学生说感想。

总结：通过看视频及听录音，从这些学生的表现中，我们要认清庸俗的情趣的危害，远离庸俗的情趣。从这些学生后来的转变中，我们要认识到高雅的情趣的作用。

活动三：推选"高雅情趣之星"。

①小组内联名推选一个人，说出评选理由。

②请"高雅情趣之星"谈高雅的情趣的作用。

多媒体展示结论：高雅的情趣的作用及庸俗的情趣的危害。

①高雅的情趣有益于身心健康，有助于开发智力和创造力，使生活更加充实而富有意义。

②庸俗的情趣会使人经受不住诱惑，贪图安逸、享乐，不思进取，精神颓废，不利于身心健康。

环节三：抉择情趣——培雅抛俗。

多媒体展示：我思我行。

在轻柔的音乐下，让学生静思一分钟，把自己的情趣箴言及今后要培养的高雅的情趣写在千纸鹤上。要求把千纸鹤挂在房间醒目的地方，让高雅的情趣时时陪伴着他们。把他们自己的庸俗的情趣写在纸条上，下课后他们一起将庸俗的情趣扔进垃圾桶，让它远离他们的生活。

多媒体展示：课外作业(生活会更美——我的高雅情趣发展计划)。

为了让我们的生活更美好，从今天开始，建立"美好情趣集锦录"。记录每天在德智体美劳方面的高雅的情趣，发到班微信群与大家分享。

环节四：升华情趣——回报奉献。

多媒体展示：播放关于不发达地区的校舍和学生的学习、生活等情况的视频。

老师：每年三月，我校都举行义卖活动，把所得的义款和捐赠的书籍、文具等物品全部捐给不发达地区。下周将举行义卖活动，请告诉我，大家打算怎样做。

学生回答：尽己所能，策划精彩的节目，吸引更多的师生购买自己的产品，赚取更多的钱来帮助有需要的人。

五、总结

在追求高雅的情趣的过程中，我们总能在无形中受到陶冶。在对美的追求和感悟中，我们陶冶了自己的情操。高尚情操的形成会让我们的生活拥有高雅的品味，会让我们的生命放射出夺目的光彩！

主题活动三： 品茶之韵味　享悠然生活

一、活动目的

①初步了解中国茶文化的历史。

②初步了解中国茶的简单分类。

③学会简单的泡茶技术。

④通过品茶活动，向学生传递中国茶的魅力和中国茶文化的精髓。

二、活动方法

欣赏、模仿。

三、活动准备

①与茶艺师取得联系，定好活动时间。

②分组：将全班同学按 5～6 个人一组，进行活动时每组成员都要学习茶艺品鉴与泡茶技术。

③准备活动所用的材料：茶叶，茶壶，茶杯（品茗杯、闻香杯），热水，茶盘等。

④场地的准备。准备一个干净整洁的场室，按组安排好桌椅。场室要有电脑投影设备，播放 PPT 或视频时使用；音响设备（或电脑），播放背景音乐时使用；有条件的可以摆放 1～2 组插花，营造良好的品茶氛围。

四、活动过程

环节一：茶艺师通过 PPT 或视频向同学们介绍中国茶文化的历史。

"水能洗铅华，茶可净心尘。"中国素有礼仪之邦的美誉，拥有历史悠久的茶文化。中国是茶的故乡，也是茶文化的发源地。中国茶已有四五千年的历史，且长盛不衰，传遍全球。茶是中华民族的举国之饮，发于神农，闻于鲁周公，兴于唐朝，盛于宋代，普及于明清之时。中国茶文化糅合佛、儒、道诸派思想，独成一体。

（设计意图：通过茶艺师介绍中国茶文化的历史，让同学们对中国茶产生兴趣；在了解茶历史的过程中，激发爱国情怀。）

环节二：茶艺师通过 PPT 或视频向同学们介绍中国茶的分类。

由茶艺师介绍中国茶的分类，在介绍的过程中让同学们通过"看、闻、摸"的方式对中国茶的分类有一个初步的了解。

（设计意图：让同学们对中国茶的分类有一个初步的了解，建立茶文化的知识结构图。）

环节三：茶艺欣赏与茗茶品尝。

先由茶艺师用专业的茶艺手法根据茶叶的不同分类冲泡出几种中国茶，然后让同学们品尝，从"品"的角度进一步认识中国茶。

（设计意图：让同学们欣赏如艺术般的茶艺手法，并品尝到好茶，感受一杯好茶给身体和心灵带来的放松。）

环节四：同学们学习如何泡茶。

同学们在茶艺师的指导下，学习如何冲泡出一壶好茶。注意水的温度、茶叶的分量、冲泡的时间、泡茶的礼仪。

（设计意图：让同学们亲自体验泡茶的乐趣与泡出一杯好茶的成就感。）

环节五：分享与交流环节。

引导同学们讨论以下问题。

①通过今天的品茶会，你有什么感受？

②作为中国人，我们要保护和传承中国茶文化，你会怎么做呢？

五、总结

品茶明志，愉悦身心，这既是一堂非常精彩的主题沙龙，又是一堂体味茶文化意境和品味人生诗意的修养课。通过此活动，让同学们进一步了解了茶文化，开阔了视野，推动了优秀传统文化的弘扬和传承。

拓展延伸

拓展延伸：有教养者的特征

有教养者的十大特征：①守时；②谈吐有节；③态度和蔼；④语气中肯；⑤注意交谈技巧；⑥不自傲；⑦信守诺言；⑧关怀他人；⑨大度；⑩富有同情心。

课后任务

了解中国的传统文化，如茶文化，丰富自己的内涵，并参加一次相关的活动，结合本课所学的知识写下你参加活动后的感受。

_____

_____

_____

_____

_____